Conexões
É possível falar com Deus?

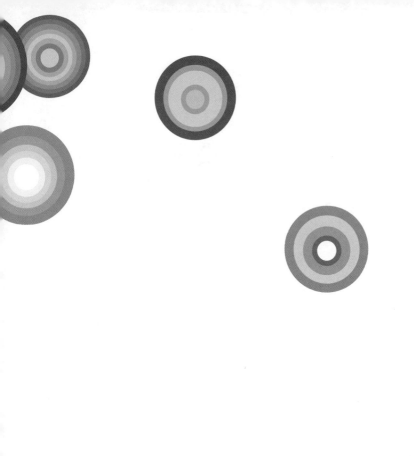

Conexões
É possível falar com Deus?

Leila Sodero Rezende

nossa CASA

Copyright © 2014 de texto o *by* Leila Sodero Rezende
Copyright © 2014 desta edição *by* Nossa Casa

Grafia atualizada segundo o Acordo Ortográfico da Língua Portuguesa de 1990, em vigor no Brasil desde 1º de janeiro de 2009.

Todos os direitos reservados e protegidos pela Lei 9.610, de 19 de fevereiro de 1998.
É proibida a reprodução total ou parcial sem a expressa anuência da editora.

Coordenação editorial: Laura van Boekel
Editora assistente: Lourdes Vieira e Mariana Lima
Editora assistente (arte): Claudia Oliveira
Preparação de originais: Luiza Miranda
Capa, projeto gráfico e editoração: Daniela Rocha e Fernanda Morais | Caramelo Estúdio

CIP-BRASIL. CATALOGAÇÃO NA PUBLICAÇÃO
SINDICATO NACIONAL DOS EDITORES DE LIVROS, RJ
R357c

    Rezende, Leila Sodero
       Conexões: é possível falar com Deus? / Leila Sodero Rezende. - [1. ed.] - Rio de Janeiro: Nossa Casa, 2014.
    208 p. ; 21 cm.

    ISBN 978-85-66917-06-2

    1. Novela brasileira. 2. Autoajuda. 3. Religiosidade. I. Título.

14-08223   CDD: 869.98   CDU: 821.134.3(81)-8

Nossa Casa
[Marca da Gráfica Editora Stamppa Ltda.]
Rua João Santana, 44 | Ramos
Rio de Janeiro, RJ | 21031-060
Tel.: (21) 3833-5817
Printed in Brazil/Impresso no Brasil

sumário

Apresentação	6
Uma noite, um sonho	14
Subindo a montanha	23
Uma fábrica de licor de abeto	33
Um Deus que se revela	43
Sonhos, projetos e seus recursos	57
O capital espiritual	69
A conexão espiritual	84
Sorvete italiano	97
O primeiro contato	112
Outras conexões	127
O mais importante	140
A outra ponta do fio	156
Mergulho na fonte espiritual	164
Domingo de Páscoa	183
Quatro dúzias de licor de abeto	191
Epílogo	197
Agradecimentos	203
Referências	207

Apresentação

Apresentação

ESTE LIVRO FALA DOS RECURSOS infinitos que podem ser utilizados para desenvolver habilidades sutis que tornam a vida humana mais produtiva e feliz. Fala das possibilidades emocionais e espirituais pouco utilizadas que podem ajudar a alavancar quaisquer iniciativas e projetos em todos os aspectos da vida, levando-os a bom termo e ao sucesso, mesmo quando não estão totalmente delineados. E fala da paz interior decorrente da constatação de que existe, em algum lugar ou dimensão desconhecida, alguém que nos vê, preocupa-se conosco e está sempre aguardando um contato para que possa interferir em nosso favor.

Não se escreve um livro destes sem consultar uma boa quantidade de autores reconhecidos. A fonte máxima de tudo o que está escrito sem dúvida são os textos sagrados, mas também foram consultados escritos de filósofos, teólogos e estudiosos que se dedicaram a pensar e a interpretar as páginas sagradas, auxiliando na compreensão do insondável mistério que é Deus e das suas relações com o ser humano. As limitações físicas do próprio homem, a sua finitude, não permitem a absorção e menos ainda a compreensão de um ser infinito, por mais que este procure se revelar. Entretanto, com delicadeza, algumas das suas faces podem ser percebidas e captadas, principalmente as que dizem respeito ao seu relacionamento com o homem.

Quando perguntaram ao arquiteto espanhol Antonio Gaudi por que iniciara a construção da catedral denominada Sagrada Família em Barcelona, um projeto tão arrojado que nunca veria terminado em sua vida, ele disse: "Meu sócio não tem pressa.

Conexões

10

Ele tem todo o tempo do mundo.". Gaudi morreu há quase cem anos e a catedral continua em obras, agora mais rapidamente, utilizando recursos tecnológicos inexistentes naquela época. Quando ficar pronta, o que esperamos que aconteça em até vinte anos, a humanidade terá um monumento arquitetônico de porte e beleza inigualáveis e o nome de Gaudi ficará inscrito no rol das pessoas mais corajosas da humanidade. Realmente o "sócio" não tinha pressa.

Também nós, quando começamos algo novo, não sabemos exatamente o que vai acontecer. Mesmo os projetos mais bem definidos se ressentem de mudanças internas e externas, com oscilações políticas e econômicas, surgimento de novas tecnologias, alterações de mercado e mudanças sociais. Vivemos em um mundo em que a única certeza é a mudança. Só o passado é conhecido, o futuro está carregado de incertezas. O tempo, o espaço, as condições meteorológicas, as decisões humanas, tudo muda. Realinhamento de prazos e metas são frequentes. Muitas vezes temos que trabalhar em projetos sem ter a noção do que o futuro nos reserva. Apenas com recursos financeiros, humanos e tecnológicos não se consegue conduzir uma iniciativa. É preciso também que existam recursos emocionais e espirituais para aportar ânimo e força de vontade a cada pessoa envolvida. É preciso haver a esperança de que o projeto trará benefícios para a sociedade em que se vive, fará o futuro ser melhor do que o presente. É preciso que haja fé no sucesso e confiança no seu êxito acreditando que o propósito é bom e que as bases para a sua execução estão construídas em terra firme.

Apresentação

Olhando as pessoas no meu entorno, percebi que aquelas que detinham maior espiritualidade conseguiam seus objetivos, sentindo-se protegidas e amparadas nos momentos de dificuldade. Outras, as materialistas, desistiam com mais rapidez quando surgiam os problemas, reclamando que nada dava certo e vivendo em completo desânimo. Após observar muitos casos assim, a conclusão foi óbvia: existe uma energia na espiritualidade, que não só torna as pessoas mais felizes, como as fortalece nas suas realizações colocando-as "de bem com a vida", mesmo debaixo das maiores calamidades. Uma verdadeira "alavancagem" espiritual, um apoio para os momentos difíceis. Acrescentando que a energia espiritual é totalmente gratuita, sem ser preciso despender tempo nem recursos financeiros para obtê-la.

Logo percebi que não podia guardar para mim a constatação do valor dos recursos espirituais. Escrever um livro foi a decisão que tomei quando me conscientizei da importância de ter uma mente positiva, que acredita no que faz e que realiza o que sonha através de uma forte ligação com Deus. O assunto não é novo. Há milênios pessoas dizem a mesma coisa sobre a força da espiritualidade. Entretanto, ao olhar por outro ângulo, informações relevantes vieram à tona. Como cada pessoa tem uma concepção do mundo, é necessário agregar informações de várias fontes, e o verdadeiro conhecimento nasce da comparação, da escuta de opiniões diferentes. Em se tratando do espírito, o conjunto é ainda mais amplo, sempre há o que acrescentar. Não há limites para o que podemos sentir e imaginar.

Este livro fala também das respostas que recebemos para algumas das nossas indagações. O homem é um ser inquisitivo, questionador. Está sempre em busca de respostas, desejando conhecer mais sobre o mundo em que vive e sobre si mesmo. A maior dúvida de cada pessoa é a razão de sua própria existência. Por que existo? Para que existo? Por que sinto isto? Por qual razão aconteceu aquilo? Além dessas, costumamos nos fazer milhares de perguntas relativas às outras pessoas. Quem são? Para onde vão? Por que cruzaram o nosso caminho?

Muitas dúvidas desse gênero não são facilmente elucidadas. Por isso, estamos sempre nos comunicando com outros seres humanos, tentando extrair mais informações sobre eles, sobre o mundo e sobre nós mesmos. Pensar, falar e ouvir fazem parte das habilidades comunicativas que recebemos ao nos tornarmos inteligentes, ao evoluirmos do mundo animal. Podemos utilizá-las, também, para construir elos com Aquele que nos criou e assim obter algumas respostas. Vamos buscá-las aqui.

Cantar também é uma habilidade do ser humano que nos diferencia dos outros animais. Os pássaros emitem sons musicais, mas não criam letras. Ao cantar, o homem transmite sua alegria, dor, prazer, sofrimento, esperança, dúvida, amor. Definitivamente, cantar é uma habilidade globalizante da inteligência humana, já que estabelece uma comunicação com qualquer outra pessoa do planeta. Assim sendo, temos como boa referência um dos ídolos mais emblemáticos da música pop americana, Robert Zimmerman. Bob Dylan, como era conhecido, foi um jovem judeu americano, antenado ao espírito do seu tempo, os anos sessenta. Compôs um hino de luta, abraçado pela juventude, que o mundo inteiro cantou e que, como outras músicas da época, acabou por apressar o fim de uma guerra tão sangrenta quanto controversa, a Guerra do Vietnã. A música *Blowing in the Wind*[1] tem como letra uma bela poesia que enuncia algumas das perguntas mais significativas da humanidade:

"Por quantas estradas deve um homem caminhar até ser chamado homem? Quantos anos alguns povos deverão existir até que possam ser livres? Quantos ouvidos um homem precisará ter para ouvir as pessoas chorarem? Quantas vezes um homem deve olhar para cima antes que possa ver o céu?"

A música diz que as respostas que o homem procura estão "no sopro do vento". As respostas para as perguntas mais instigantes da humanidade estão no "sopro do vento". E onde sopra este vento?

É o que tentaremos desvendar.

---

1 "Blowing in the Wind": "No sopro do vento", música do cantor Bob Dylan

Uma noite, um sonho

O JOVEM EXECUTIVO SALVOU AS PLANILHAS, fechou o *Skype*[2], desligou o computador, guardou na gaveta tudo o que estava sobre a mesa e trancou-a à chave. O mercado em Tóquio estava descontrolado naquela madrugada e ele precisava de algumas horas de sono antes que a NYSE[3] abrisse, para poder executar suas operações. Os acionistas gostavam de trabalhar alavancados demais e, com a subida dos juros, a queda do preço das ações era inevitável. Deveriam vender o quanto antes algumas ações, menos significativas, para capitalizar a empresa e pagar alguns empréstimos. Era o que ele iria lhes propor bem cedo pela manhã.

No caminho para casa, o vento frio de Nova York batia em seu rosto e entrava pelas frestas do casaco gelando até seus ossos. Havia cinco anos que trabalhava naquela empresa, como analista financeiro, dando tudo de si, e o seu conhecimento do mercado financeiro o colocava em uma excelente posição. Acreditava mesmo que em breve seria convidado a fazer parte da sociedade, coroando assim tanto suor e sangue dispendidos num trabalho estressante. Havia meses não saía para tomar uma cerveja com os amigos e sua última namorada suportou apenas seis meses até lhe dizer que não havia espaço para ela em sua vida. "Você já está casado com seu trabalho", foram suas últimas palavras. Ainda havia esperanças de chegar a um

---

2 "Skype": programa de computador que permite a comunicação por telefone com o mundo todo a baixo custo.
3 "NYSE": New York Stocking Exchange, a bolsa de valores americana, sediada em Nova York.

patamar em que não precisasse mais dedicar-se tanto, onde houvesse espaço para sua vida pessoal e até para uma família completa com mulher e filhos. Mas quando? Até o momento, a vida que levava, no lugar de trazer o retorno esperado, estava deixando-o sem saúde. Em sua mente as perguntas se sucediam. Afinal, estava correndo atrás de quê? Para que trabalhava tanto? Qual era seu objetivo? Qual era seu projeto de vida? Quanto tempo mais teria que investir para ser considerado um homem de sucesso?

O cansaço era tanto que ele nem se preocupou em responder às últimas perguntas que proliferavam em sua mente. Parou numa esquina para comprar um sanduíche e continuou andando enquanto comia, ansioso para chegar logo em casa. Acertou o despertador do relógio, caiu na cama com a roupa que vestia e dormiu como uma pedra, mesmo estando de plantão naquela noite e esquecendo-se de telefonar aos dirigentes da empresa para preveni-los da situação adversa nas cotações.

O barulho de uma sirene de bombeiros o fez acordar sobressaltado. Olhou o relógio e sentiu o coração disparar. O despertador não havia funcionado. A bolsa já estava aberta havia uma hora e as ações que pretendia vender já deveriam ter sido reduzidas a pó. Vestiu-se rapidamente e voou para o escritório numa esquina de *Wall Street*[4]. Ao chegar encontrou o conselho administrativo da empresa reunido e uma

---

4 "Wall Street" uma das ruas mais famosas de Nova York onde se processam as grandes operações do mercado financeiro e da Bolsa de Valores.

pergunta no ar. Quem estava de plantão? Por que não haviam telefonado aos sócios para avisar sobre a queda abissal do mercado japonês?

O responsável, é claro, já havia sido identificado. Olhares inquisidores se lançaram sobre ele. Dizer que havia "perdido a hora" seria suicídio profissional. Explicar por que não telefonou de madrugada aos chefes seria difícil. Calou-se e ouviu a reprimenda, suportou a humilhação e os gritos dos sócios. Sabia de longa data que a parte mais sensível de um executivo é o bolso. Naquela madrugada os sócios haviam perdido quase vinte por cento de tudo o que possuíam.

O jovem voltou para sua sala com olhos baixos, evitando fixar as pessoas que, fora da sala de reunião, haviam ouvido os gritos. Sabia que, a partir dali, nada mais seria como antes. Se já era difícil uma oportunidade de ascender na empresa, agora seria impossível.

Sentou-se silenciosamente em sua mesa lembrando-se de sua infância triste naquela cidade conhecida no mundo como *Big Apple*[5], como se fosse uma fruta saborosa a ser degustada. Não era para ele nem fruta, nem saborosa. Sua vida havia sido amarga, estudando sem descanso, em reconhecimento ao sacrifício de seus pais para lhe prover o melhor colégio e universidade. Lembrou-se de sua mãe sempre solícita com tudo o que ele precisava para que não lhe faltasse nada e assim pudesse investir todo o seu tempo nos estudos. Veio à memória

---

5 "Big Apple": Maçã Grande, apelido carinhoso da cidade de Nova York.

seu pai feliz ao conduzir o filho no primeiro dia de trabalho ao banco de investimentos considerado um dos melhores do país. Mas agora, seus sonhos antigos de lá fazer carreira estavam sepultados. O incidente daquele dia nunca seria esquecido.

O jovem executivo tomou alguns goles de café forte e sentiu um calor reconfortante invadir seu corpo. Lá fora chovia, e a cidade úmida e fria mostrava a aridez das árvores sem folhas e das ruas quase vazias. Havia nevado naquela noite e o inverno parecia não terminar mais. Bem ao contrário, mesmo com os letreiros brilhantes, passando os olhos pelas silhuetas dos prédios, tudo o que se via era cinza ou incolor.

Trabalhou arduamente todo o dia e enfim conseguiu ir para casa. Alguma coisa havia sido possível resgatar, a empresa não iria falir. Ainda bem, porque se isso acontecesse seu pai saberia, e ele o amava e respeitava muito. Ao chegar em casa, num prédio antigo e também cinza, viu na calçada um mendigo enrolado num cobertor. Instintivamente atirou-lhe algumas moedas. Esse pequeno ato o fez sentir-se melhor, lembrando-o que existiam pessoas em situação pior do que a sua. Havia milhões de pessoas no mundo em situação diferente da sua. Ele não precisava viver essa vida. Havia milhares de outras opções, centenas de países no mundo, outros climas na Terra e incontáveis empresas de investimentos no planeta.

Morar sozinho tem suas vantagens, como a de não precisar explicar nada a ninguém, nem mesmo um rosto triste. Tomou um bom banho quente, vestiu o pijama e ligou a televisão no canal de geografia com a expectativa de encontrar, pelo menos na tela, um lugar ensolarado. E assim encontrou a Itália, as cores da Itália. O laranja de Florença, o azul do Mar Tirreno, o dourado de Veneza, o verde da Úmbria, o vermelho de Roma. A mistura de todas as cores de Nápoles.

Um ruído seco de trovão ecoou no espaço. Num relance o jovem executivo quase adormecido olhou para a janela e viu o brilho do raio seguido da chuva escorrendo no vidro. Janela e televisão. Chuva e sol. Escuro e cor. Tristeza e alegria. Preocupação e serenidade. Ansiedade e paz. Realidade e sonho.

Em alguns minutos adormeceu e as imagens instantaneamente se permutaram. O que era televisão tornou-se janela, onde se via um sol abrasador iluminando o céu e a paisagem. As imagens desfilaram pela sua cabeça durante toda a noite sem que ele soubesse se estava dormindo ou acordado. Músicas italianas soavam enquanto dançarinos em trajes coloridos dançavam a *Tarantella*[6]. Gentis garçonetes embaladas ao som da música traziam caçarolas gigantes de minestrone e um enorme rochedo de *Parmigiano Reggiano*[7] era escavado com picaretas por fortes rapazes vestidos de garçons. De um grande carvalho pendiam fios dourados de fettuccine balançando ao vento e, nos vinhedos, as uvas pingavam vinho de diversas cores. Finalmente, a cena foi se reduzindo como num filme e surgiu o mapa da Itália, onde o oceano da baía de Nápoles inundava de azul a península enquanto o cozinheiro dançando

---

6 "Tarantella": dança tradicional da Campânia, Itália, a partir do XIV.
7 "Parmigiano Reggiano": queijo italiano parecido com o nosso Parmesão.

com seu chapéu de mestre-cuca cantava *Il sole Mio*⁸ em dupla com Pavarotti.

Na manhã do dia seguinte o jovem executivo tomou a decisão mais radical de toda a sua vida. E para que não o fizessem retroceder, antes de sair de casa para o último dia de trabalho naquela empresa, ligou para uma companhia aérea, comprando a primeira passagem disponível para Roma.

---

8 "Il Sole Mio": "Meu sol", música italiana, símbolo da cidade de Nápoles.

Subindo a montanha

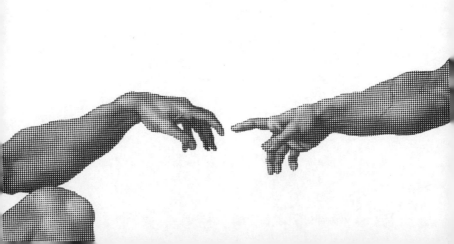

O SOL BRILHAVA FORTE NA PRIMAVERA TOSCANA. Ciprestes afunilados e flores por todos os lados bordavam a paisagem com texturas e cores. Ao longe via-se um vinhedo e, a seu lado, uma pequena casa rosada onde a chaminé fumegante prenunciava os deliciosos e coloridos *sapori d' Italia*[9].

Papoulas vermelhas derramavam-se pelos prados, emoldurados ao fundo por ciprestes pontiagudos. Esta era a Toscana, a belíssima Toscana italiana. A terra de Dante Alighieri, Leonardo da Vinci e Michelangelo Buonarroti. A terra da *papa fiorentina*[10] e do *arrosto de cinghiali*[11], o javali que se tornou símbolo de Florença. Esta era a Toscana, cujo dialeto venceu a competição entre todas as regiões da Itália e tornou-se a língua italiana.

O jovem executivo lançou a mochila às costas e saiu da pequena pousada caminhando a pé. Já percorrera toda a Itália, partindo de Roma. Visitara as grandes cidades do Norte: Milão, Turim e Veneza, conhecera bem as cidades do Sul como Nápoles e Palermo e a incomparável Costa Amalfitana, onde visitara Positano, Amalfi, Ravello e Salerno. Voltando por Bari, bem no salto da bota italiana, havia passado alguns dias na aprazível costa do mar Adriático, onde tivera chance de tomar um *ferry boat*[12] até a Croácia. Havia decidido passar mais

---

9 "sapori d' Italia": sabores da Itália
10 "papa fiorentina", sopa típica da cidade de Florença, feita com pães dormidos e molho de tomate
11 "cinghiale": javali, símbolo da cidade de Florença, "arrosto de cinghiale" é o assado de javali
12 "ferry boat": balsa grande que pode transportar veículos

alguns dias na Toscana, onde escolhera uma pousada em Florença para servir de base e deixar as malas maiores.

Na mochila havia sanduíches e água, e até uma muda de roupa para passar a noite em algum local, se preciso fosse. Não tinha escolhido um lugar específico para conhecer naquele domingo ensolarado, queria apenas caminhar sem destino. Após quase três meses no país já sabia se comunicar razoavelmente em italiano assim como sabia que inumeráveis surpresas aparecem em cada pequeno vilarejo italiano. Nunca se sabe quanto tempo é necessário para conhecer esses lugares mergulhados na história há mais de cinco milênios.

Algumas horas mais tarde a estrada começou uma curva ascendente em torno de uma montanha. O jovem aceitou uma carona e foi até o topo. Eram peregrinos a caminho do Monte Campanário, onde, durante a Idade Média havia sido construído um mosteiro.

Como todo turista, o jovem fotografou a linda paisagem e entrou na igreja para conhecer a beleza das relíquias sacras. Arquitetura puramente medieval, romana, com uma pequena influência moura ou bizantina. Colunas terminando em arcos parabólicos, com a nobreza da simplicidade. igrejas mais antigas seguiam a tradição da religião cristã, segundo a qual, Deus, em sua fase terrena, foi simples desde o seu nascimento até a sua morte.

O interior da igreja era tão modesto como o seu exterior, paredes nuas quase sem imagens. Folhetos contavam a história da formação do convento pelos sete frades fundadores e a expansão da irmandade pelo mundo afora até os dias de hoje. Mais uma pergunta acabara de ser incorporada à sua lista de dúvidas irrespondíveis. Esta lista nascera em sua adolescência, e desde então não parava de crescer. A pergunta atual era a seguinte: por que uma pessoa se desligaria do mundo, deixando família, amigos e prazeres mundanos para se isolar num convento e viver apenas na contemplação de Deus?

Após uma sessão de fotos, cansado da caminhada matinal, o jovem dirigiu-se à cantina para fazer um lanche. Para sua surpresa, encontrou dezenas de prateleiras com garrafas variadas de licor e assim descobriu que os monges vendiam licor de abeto, o que parecia ser a conífera da região. Abandonando seu sanduíche frio na mochila, pediu, em um italiano sofrível, um sanduíche quente e um refrigerante gelado. O velho monge que o atendeu, identificando seu sotaque americano, respondeu em inglês. O monge era também americano, viera para um estágio de dois anos no convento e lá estava já havia dez anos. Dentre suas incumbências estava a de receber e aconselhar turistas de língua inglesa.

Surpreso, o jovem entabulou uma conversa com o religioso. Em breve estavam ambos sentados numa mesinha da cantina provando uma garrafa de licor. Essa proximidade o surpreendeu. Sempre vira os padres, frades e monges como seres à parte, de outra dimensão, pessoas que haviam desistido de ter uma vida normal para se isolar em conventos fechados. Pessoas das quais diziam que "falavam" com Deus e para fazer jus a esse privilégio não podiam casar, fumar, beber, ir à praia ou a um show de rock. Frades fabricando licor? Seria impossível imaginar, até aquele momento. Mas era verdade. Ali, naquele convento, desde os tempos medievais, havia uma fábrica de licor de abeto cujo produto era vendido aos turistas para ajudar no custeio das despesas do mosteiro.

Conversaram sobre viagens, sobre a Itália, sobre as diferenças culturais entre os dois países. A maior diferença encontrada pelo monge estava na relação entre pais e filhos crescidos.

— Nos Estados Unidos — disse o frade, — os pais incentivam os filhos a se tornarem independentes aos dezoito anos, trabalhando para se manter e pagar a universidade. Na Itália, ao contrário, os pais retêm os filhos em casa tanto quanto podem, permitindo que morem até os trinta e cinco ou quarenta anos com eles. Há uma ligação emocional maior.

— E isto é bom? — Perguntou o jovem.

— Depende do ponto de vista. Aqui, a dependência dos filhos é maior e a economia do país sofre por falta de estímulo na busca de oportunidades inovadoras de trabalho. A necessidade é a mãe da criatividade. Tendo casa, comida e roupa lavada, não se preocupam em mudar de cidade, inventar novas formas de ganhar dinheiro, procurar alternativas profissionais. Os jovens italianos se veem num país já pronto. Por outro lado, os americanos sabem que ainda há muito a construir. Porém, nos Estados Unidos, a pressão pelo sucesso profissional, quando é muito grande, enrijece o coração dos jovens que podem se tornar adultos deprimidos e conduzí-los ao consumo de álcool e drogas.

— Nada é perfeito — disse o jovem. — Estamos todos procurando uma forma de ser felizes.

— A vida é uma busca constante — disse o monge.

— É verdade — respondeu o jovem. — Por exemplo: eu estou em busca de mim mesmo.

— Todos nós estamos — concluiu o monge sorrindo.

Ouviram o forte som do sino do campanário. O carrilhão sonoro fazendo uma melodia que ecoou por toda a região. Colocado na torre havia sete séculos, o sino dera nome ao local: Monte Campanário. Podia ser ouvido a dez quilômetros de distância. As pessoas das cidades vizinhas acertavam o relógio pelo seu toque.

O monge se levantou e convidou o jovem para assistir à missa dominical que se iniciaria em dez minutos.

— Em italiano? Gostaria muito, mas não sei o suficiente.

— Não, em latim.

— Lamento, mas nunca estudei latim. Não entenderia uma palavra.

— Mas temos folhetos em inglês. E aos domingos há um recital de canto gregoriano durante a missa.

— Canto gregoriano? — perguntou o jovem, que, de música religiosa, só conhecia alguns salmos ouvidos nos casamentos dos seus amigos.

— Sim. São músicas compostas pelos monges selecionadas e adaptadas por São Gregório Magno no século VI, para serem utilizados nas celebrações religiosas da igreja católica. As características sonoras foram herdadas dos salmos judaicos e das escalas musicais gregas.

— Deve ser interessante, eu gostava de ouvir os salmos judaicos nos casamentos.

— Você é judeu?

— Sou meio judeu de nascimento, por parte de pai. Mas no momento não professo nenhuma religião. Vou ficar, creio que gostarei de ouvir esses cantos.

O jovem entrou na igreja que vira vazia e ouviu um coro de vozes masculinas entoando uma melodia que impressionava, não só pela melodia como pelas variações de sonoridade e tonalidade das vozes masculinas. Eram perto de trinta monges, vestidos com túnicas marrons, cordão na cintura, capuz nas costas. Tendo sido encaminhado para as fileiras dos visitantes, onde haviam outros leigos atentos ao coral, encontrou o livreto em latim traduzido para o inglês e foi seguindo a letra enquanto acompanhava os sons na página em latim.

Gostou de ter ficado. Vieram à sua mente lembranças da infância e adolescência, quando ia com o pai nas celebrações de *Bar Mitzva*[13] dos amigos, trazendo uma reconfortante lembrança de acontecimentos alegres e festivos. Terminados os cânticos e as orações da celebração, os monges foram saindo em fila indiana pela porta da frente da igreja, com as mãos postas e os olhos baixos. O jovem já se preparava para seguir o grupo dos turistas pela porta de trás, quando o frade, seu conterrâneo, surgiu à sua frente e convidou-o, em nome do abade, superior dos frades, a almoçar no convento. Surpreso, tentou

---

13 "Bar Mitzva": Cerimônia religiosa judaica para crianças do sexo masculino que ocorre aos doze anos e representa um rito de passagem da infância para a adolescência.

recusar, mas suas escusas não foram aceitas. Seria indelicado com o abade não aceitar o convite.

Desta forma, um antigo analista de *Wall Street* viu-se sentado num refeitório medieval cercado por trinta monges autênticos, conversando em inglês com seu conterrâneo à esquerda e em italiano com o religioso à direita, o qual precisou sair mais cedo porque havia chegado o seu turno na cafeteria. E foi assim que começou a entender que o mundo não se constituía apenas de capital e trabalho como havia aprendido na universidade, mas de muitos outros elementos e que as pessoas que acreditavam somente nos princípios da economia estavam deixando de conhecer partes importantes da verdade e muitas outras dimensões da vida do ser humano.

Na despedida, o monge, que se apresentou como frei Mateus, convidou-o a voltar quando quisesse. As portas do mosteiro estariam sempre abertas. E assim ele, monge, teria com quem trocar algumas ideias em sua língua materna.

Descendo a estrada do mosteiro a pé, o jovem encontrou um grupo de adolescentes subindo a montanha. Eram jovens na faixa de dezessete ou dezoito anos, de mochilas nas costas. As camisas, os bonés, as grandes mochilas, tudo indicava procedência australiana. Vendo que os meninos abaixavam as mochilas para descansar um pouco, procurou conversar.

— Vocês são de onde?

— Sidney, Austrália. E você?

— Nova York. Estão em férias?

— Ano sabático. Entre o colégio e a universidade, tiramos

um ano para viajar pelo mundo. E você, visitando alguém especial no mosteiro?

— Eu estou em férias. Vão ao Monte Campanário?

— É uma visita obrigatória. Só existem duas fábricas de licor de abeto no mundo, uma é aqui. Você visitou?

— A igreja, sim, mas a fábrica não. Ainda não. Talvez volte amanhã — disse o jovem, constrangido por ter se esquecido de visitar a fábrica de licor, pelo visto, um ponto turístico obrigatório.

— Vale a pena! O nosso guia diz que este licor é um remédio que tem sido utilizado há séculos para curar várias doenças, além da fábrica ser totalmente artesanal.

— Bom saber! Então, pessoal, até breve, nos veremos por aí!

O jovem resolveu voltar no dia seguinte. Visitaria a fábrica, compraria algumas garrafas de licor de abeto para levar aos seus amigos e conversaria mais com aquele monge. Na sua atual situação, um pouco de conversa com uma pessoa mais experiente só poderia lhe trazer benefícios.

Uma fábrica medieval de licor de abeto

— *GOOD MORNING!*[14] — DISSE O JOVEM assim que viu o monge.

— *Good morning! As I see, you enjoyed our liquor!*[15]

A conversa continuou em inglês. Ao monge aprazia ouvir sua língua materna. Ao jovem atemorizava a perspectiva de não entender alguma parte do que o religioso falasse.

— Sim frei Mateus, gostei muito. Pretendo levar algumas garrafas para os meus conhecidos em Nova York. E também para algumas pessoas que conheci na pousada em Florença.

— Você gostaria de visitar a nossa fábrica? Temos, desde a Idade Média, um processo artesanal de produção de licor.

— Certamente!

Desceram a escadaria principal e caminharam pela lateral direita do mosteiro até entrar em uma portinhola escavada no enorme rochedo sobre o qual o mosteiro se apoiava. Descendo uma pequena escada, chegaram ao interior de uma grande caverna, cercada de rocha por quase todos os lados. O processo medieval de elaboração do licor consistia na fervura das folhas de abeto para a extração do sabor, seguido da filtragem, fermentação e do armazenamento em barris de carvalho para envelhecimento. O monge mostrou ao jovem a câmara com dezenas de tonéis aguardando a maturação. Depois passaram à outra câmara onde se fazia o engarrafamento, o fechamento e a rotulagem das garrafas. Todo o processo era manual. Não havia máquinas nem esteiras. Ao término, da visita chegaram

---

14 "Good morning": Bom-dia!
15 "As I see, you enjoyed our liquor": Vejo que gostou do nosso licor!

a uma sala onde o monge mostrou alguns dos modelos de garrafas utilizados nos últimos oitocentos anos e as variações do tipo de licor de acordo com a espécie e a idade do abeto e a estação de colheita das folhas.

O jovem só pensava em como a vida era simples na Idade Média, antes que o capitalismo houvesse aparecido e globalizado a Terra, jogando por terra os conceitos de nacionalismo, empresa familiar, trabalho artesanal e colaboração entre amigos. Além desses, outros conceitos antigos haviam sido destruídos nos tempos atuais, tais como os de transparência, honestidade e ética. Naquela época, mesmo o simples ato de emprestar dinheiro a juros era proibido pela igreja, enquanto hoje, a concorrência desleal e espionagem industrial podem derrubar empresas sólidas. Imaginou o desatino que seria se um comerciante da Idade Média precisasse se preocupar com multinacionais, concorrentes estrangeiros, compra e venda de ações e a famigerada bolsa de Tóquio gerando repercussões no mundo todo, inclusive num pequeno escritório de Nova York. O jovem sentiu uma pequena tristeza invadir seu coração e fixou os olhos nas paredes de pedra. Aquelas paredes lhe trouxeram segurança. Já estavam ali antes mesmo que *Nova York* começasse a existir. O mundo não era uma praia de areia movediça como lhe parecera alguns dias atrás. Esse olhar em perspectiva acalmou seu coração entristecido e o fez emitir um suspiro de alívio.

Terminada a visita, saíram para o jardim e caminharam em direção ao pátio principal. Ao lado do estacionamento havia uma praça com bancos de pedra arrumados em semicírculo. Ao centro, uma fonte de mármore em formato de cântaro despejava a água pura da montanha para quem desejasse beber ou armazenar em suas garrafas. Cercando a fonte, um jardim repleto de papoulas vermelhas denunciava a chegada da primavera. O monge convidou o jovem a sentar-se em um dos bancos.

— De que país são seus amigos na pousada?

— Alguns alemães, dois russos, um inglês e três espanhóis. Os espanhóis partem hoje para a Sicília. Na região há praias maravilhosas, de areia fina, como as da América do Sul.

— Deve ser muito agradável pisar descalço nessa areia. O mundo inteiro é muito agradável, concorda?

— Nem sempre. Viver na Etiópia não deve ser nada agradável, — retrucou o jovem.

— Por quê?

— Passam fome, frio. Não há escolas. Crianças morrem por falta de atendimento médico. Vivem à parte da civilização.

— É uma outra realidade — comentou o monge.

— Infelizmente é a única que conhecem.

— Pelo menos assim não fazem as comparações que fazemos, senão a vida deles seria mesmo insustentável. O mundo que eles conhecem é apenas aquele — retrucou o frade.

— E o senhor acha que isso é justo? — o jovem escolhera aleatoriamente uma pergunta na sua longa lista de indagações.

— Qual é a sua definição de justiça? — inquiriu o monge.

— É dar a cada um o que merece. Pessoas boas devem ser

premiadas, pessoas más devem ser castigadas.

Lembrando-se da injustiça que lhe fora feita, o jovem continuou:

— Mas não é só na Etiópia que há injustiças. Nos Estados Unidos também há. Muitas. Às vezes um único erro involuntário destrói uma carreira.

— No mundo capitalista, quando um problema ocorre, costuma ser feita uma "caça às bruxas". As pessoas têm necessidade de encontrar culpados por tudo.

— E cometem erros — completou o jovem.

— Certamente cometem. Escolhem "culpados" entre os que não são responsáveis pelos acontecimentos. Por exemplo, no caso da Etiópia, as injustiças são frequentemente atribuídas a Deus. As pessoas perguntam "Como Deus permite isso?"

— Na sua visão, quais seriam os culpados pela fome, pelas doenças, pela mortalidade infantil? — indagou o jovem.

— Não há culpados. Há situações problemáticas que ocorrem e que teriam saída com os recursos já existentes no mundo, mas que continuam insolucionadas porque as pessoas que poderiam resolvê-las estão demasiado longe ou se eximem da responsabilidade.

— Então os culpados são os homens? — insistiu o jovem. Neste momento seu cérebro estava desejando encontrar culpados para os problemas do mundo, talvez até para não se sentir tão solitário na sua própria culpa.

— Indiretamente sim. Ninguém deixaria uma criança morrer de febre na Etiópia se estivesse lá e dispusesse de recursos para evitar, mas os que podem fazer isso não estão lá, estão nas partes mais desenvolvidas e ricas do planeta.

— E por que o Deus de quem o senhor está falando permite que haja países ricos e países pobres?

— Não era assim no início do mundo, quando todos viviam na mesma comunidade. Depois os homens se afastaram para buscar outras formas de sustento onde havia mais recursos e formaram suas próprias civilizações. Por opção deles. Os que não quiseram fazer isso, tiveram que se contentar com os poucos recursos que sobraram.

— E Deus não fez nada para "redividir" os recursos?

— Você acha que Deus deve estar sempre mudando o mundo para que este funcione? Não seria intervencionismo demais?

O jovem lembrou-se das aulas de macroeconomia. Governos intervencionistas são aqueles que interferem no câmbio, no mercado, no valor do papel-moeda e até na vida das pessoas. Os políticos desses países, acreditam que o governo deve ser "paternalista" e resolver todas as questões da sociedade. Em geral as suas decisões não são discutidas com o povo, por isso, ao longo dos anos, podem acabar tornando-se déspotas. Ao contrário, nos governos liberalistas a sociedade é deixada mais "à vontade" para que o mercado se ajuste livremente. As pessoas tem que assumir a responsabilidade pelos seus atos e a participação do governo é mínima. Definitivamente o intervencionismo não seria uma boa forma de conduzir o mundo.

— Não, absolutamente não — respondeu o jovem. Seja quem for este Deus, não pode ficar interferindo em tudo, senão seria um ditador. Mas, se criou mesmo o mundo conforme as religiões pregam, deveria cuidar dele, prover alimentos e remédios pelo menos para os mais necessitados.

— Deus pode mesmo fazer isso e muitas vezes faz, mas prefere ser ajudado pelos próprios homens nessas tarefas. Quanto menos "interferir" no mundo, mais rapidamente a humanidade vai aprender a cuidar de si mesma.

O monge ficou em silêncio alguns segundos para que suas informações fossem digeridas. Quando terminou a cadeia de pensamentos, o jovem disse:

— Mas Deus está arriscando muito, deixando o mundo "solto" assim... Tantas pessoas desumanas, egoístas e perversas. Essa liberdade talvez seja demais. Um pouco de controle ajudaria...

— O mundo não está "solto". O cristianismo e outras religiões pregam que Deus é nosso pai. Como um pai não cuidaria dos seus filhos? Como não se preocuparia com eles? Ele se preocupa e cuida bastante. Mas cuida sem interferir. Cuida quando é chamado, quando é procurado, quando sabe que não existe outra saída. Também cuida quando a injustiça é grande demais e, principalmente, quando percebe no homem o desejo de comunicar-se com ele.

— Comunicar-se com Deus?

— Sim.

— Existe um caminho ou método para a comunicação com Deus? Porque, se existir, temos que ensiná-lo imediatamente aos povos carentes da Etiópia, do Congo...

O monge silenciou. Levantou-se e caminhou por alguns segundos olhando na direção do horizonte, deixando o jovem sentado no banco. Depois voltou-se e respondeu suavemente:

— Você deseja saber se existe um caminho certo para a comunicação com Deus. Sua dúvida é inerente a todo ser humano. A resposta é procurada por todas as pessoas e para obtê-la, centenas de religiões foram criadas no mundo. Em todas as épocas da existência humana, surgem religiões dizendo conhecer o caminho para a comunicação com Deus. Foi também essa incerteza que causou e ainda causa milhares de mortes de inocentes nas guerras religiosas, tendo contribuído para a extinção de dezenas de civilizações. É a resposta que o homem busca e precisa para encontrar a paz e a felicidade.

— É tão difícil assim comunicar-se com Deus? Digo, a nível individual.

— Depende da quantidade de barreiras que a pessoa já construiu na sua vida. Para as crianças é mais fácil falar com Deus porque ainda não criaram barreiras. Para o homem adulto, sim, é difícil, porque à medida em que vive vai construindo muros e afastando-se de Deus. Mas, se o desejo da comunicação reaparecer, pode conseguir realizá-lo. Deus até o auxilia a derrubar esses muros.

— Gostaria de aprender! — disse o jovem decididamente.
— Nem que seja apenas para fazer algumas perguntas a Deus. Pensando bem, isto deve ser uma experiência inesquecível!

— Pode ter certeza que é! Nada na vida se equipara a esta experiência. — E o religioso levantou os olhos para o céu, pensando no longo caminho que ele mesmo havia percorrido em sua vida até se tornar monge.

— O senhor me sugere algum livro? Sou um leitor ávido.

— Por quanto tempo ficará na Itália?

— Por mais três semanas. Pedi demissão do meu trabalho em Nova York e estou me concedendo um tempo para viver.

— Se ficar em Florença mais alguns dias, volte aqui, posso lhe indicar alguns caminhos.

— Pode ser... amanhã?

— Certamente! Amanhã à mesma hora. Assim você me acompanha durante o meu turno na cafeteria.

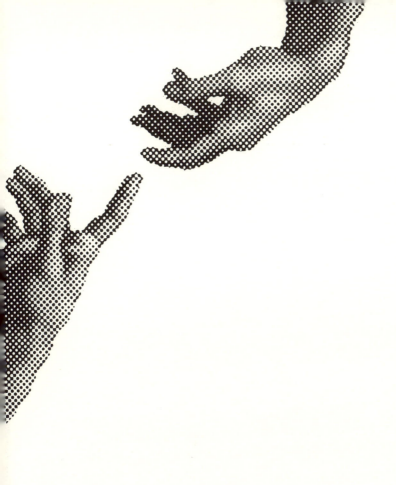

Um Deus que se revela

— GOOD MORNING! — DISSE O JOVEM em inglês.

— *Good morning!* — respondeu frei Mateus sorrindo, enquanto organizava algumas garrafas nas estantes por ordem de antiguidade.

— Posso ajudar? — perguntou o jovem.

— Já estou terminando, obrigado. Hoje comecei mais cedo. Troquei o turno com um dos nossos frades que vai a Florença. Podemos tomar um café e depois caminhar um pouco pelo jardim.

— Excelente! — disse o jovem já acostumado ao forte café italiano.

Após o café saíram pela pequena porta lateral da cantina e dirigiram-se ao jardim da frente, onde se sentaram em um banco da pracinha. Um pouco mais à frente, outro frade conversava com um casal.

— Tudo bem na sua pousada? — perguntou o religioso.

— Tudo bem. A senhoria é muito gentil com todos e serve um café da manhã delicioso. Faz uma torta salgada que vale por um almoço. Como os italianos sabem comer bem!

— É a experiência passada de geração em geração — concordou o monge. — As italianas são excelentes cozinheiras, gostam de cozinhar. As meninas adquirem o gosto pela culinária desde pequenas, crescem ajudando suas mães a preparar os alimentos. Além de fazer todas as tarefas domésticas, as mães cuidam do marido e de cada filho até que encontre outra boa cozinheira. Raramente uma filha solteira mora longe da família, em geral as jovens permanecem em casa até se casarem e constituírem a sua própria família.

— Acho que eu preciso de uma esposa italiana — disse o jovem sorrindo.

— Quem sabe está nos planos de Deus uma esposa italiana para você! — E, após uma pequena pausa, continuou. — Então você veio aqui hoje para conversarmos sobre a comunicação com Deus, correto?

— Exatamente — exclamou o rapaz. — Já ouvi algumas pessoas dizerem que "falam com Deus", mas eu mesmo nunca consegui estabelecer esta comunicação. Penso que Deus está muito ocupado para falar comigo. Também com tanta gente na Nigéria passando fome...

O frade sorriu. Ia fazer uma brincadeira sobre essa obsessão do jovem pelos carentes da África, mas retomou o tom sério. Nem ele, nem o jovem tinham tempo a perder e o assunto era muito extenso.

— Sua preocupação com os africanos carentes é um sentimento bem constante na sua vida. E você mora a milhares de milhas de distância deles. Como acha que Deus, presente em todo lugar, se sente em relação a estas pessoas ...

— Se Deus está vendo tudo isso acontecer, deve sentir-se muito mal. Poderia fazer qualquer coisa para melhorar a situação destas pessoas — comentou o jovem.

— Poderia e pode. Deus pode fazer qualquer coisa.

— Mas por algum motivo não faz. Eles continuam carentes e necessitados — contestou o jovem.

— Continuam carentes e necessitados sob qual ponto de

vista, o de um *yuppie*[16] americano ou o deles mesmos?

— Não entendi... — retrucou o rapaz franzindo a testa.

— O que você acha que estas pessoas mais gostariam de ter, um *flat*[17] em Nova York ou a certeza do alimento diário? — Instigou o monge.

— É um ponto interessante — concluiu o rapaz, cuja face voltava à expressão natural.

— É um ponto crucial. A justiça de Deus não está em tratar igualmente todos os seres humanos, mas em tratar cada um de acordo com o que é e com o que almeja ser. Um flat em Nova York e um Continental Breakfast num fim de semana não seriam de utilidade alguma para os africanos carentes. O que eles precisam é apenas uma casa humilde na comunidade em que cresceram, onde haja alimento para suas famílias. Assim, quando dizem que os carentes passam fome porque não têm presunto e ovos no café da manhã, não sabem se eles querem presunto e ovos para o café da manhã. Pode ser que aquela ração de farinha com feijão seja o que eles mais desejam, como tem sido suficiente para alimentá-los há milhares de anos. Mas o pretenso mundo desenvolvido diz que passam fome. *Capisci?*[18]

— Entendo bem — disse o jovem. — Na faculdade li um livro que dizia que cada pessoa tem um conjunto de preferên-

---

16 "Young Urban Professional": como são chamados os jovens executivos que ganham altos salários nas empresas dos grandes centros urbanos.
17 "flat": apartamento de alto padrão
18 "Capisci?": "Compreende?"

cias, umas preferem morangos, outras bananas, umas gostam de rock, outras de música clássica. E não há senso em dizer que o conjunto de preferências de um é superior ao outro. Nem mesmo podemos dizer que o que é bom para a maioria é bom para cada ser humano.

— Teoria do Utilitarismo — acrescentou o frade.

— Exatamente.

— Então prossigamos — disse o monge, com um leve sorriso no canto de sua boca. — Já que existem bilhões de seres no planeta, como Deus sabe o que cada ser humano está precisando no momento?

— Porque ele sabe tudo, não é isto que as religiões dizem? — respondeu o jovem, empalidecendo levemente.

— Sim, sabe tudo — completou o monge. — Mas seria mais fácil e mais rápido se nós fizéssemos a nossa parte dizendo o que estamos precisando ou desejando. E Deus não estaria "interferindo" na nossa vida.

— É verdade. Voltamos à comunicação — concluiu o rapaz readquirindo a cor no seu semblante.

— Voltamos — disse o monge pegando um galho de árvore caído no chão e escrevendo algumas letras na terra fina e branca da praça.

O jovem aguardou que o monge terminasse e leu a palavra RE-LIGARE.

— Religare é uma palavra em latim, que significa refazer uma ligação, refazer uma comunicação. A tradução de Religare em inglês e em muitas outras línguas é "Religião". As religiões contém caminhos para estabelecer a comunicação com Deus, sempre que esta for perdida.

— Isto significa que uma pessoa só pode se comunicar com Deus através de uma Religião? — perguntou o jovem.

— Não necessariamente. As religiões ensinam caminhos ou formas da comunicação. Mas cada pessoa pode descobrir o seu próprio caminho, uma forma personalizada para se comunicar com Deus.

— O que me preocupa é que nesta fase da vida não tenho mais tempo para dedicar ao estudo de uma Religião. Preciso trabalhar para viver. Estas conversas com o senhor só estão sendo possíveis porque estou em férias. Como posso aprender uma forma de comunicação com Deus se tenho tão pouco tempo?

— Esta comunicação pode ser feita de forma bastante simples. Como fomos criados por Deus, ele nos conhece assim como um pai conhece seus filhos. E ninguém precisa estudar para falar com o seu pai. Uma criança que faz uma oração espontânea está criando uma forma de comunicação com Deus. Dirigir-se a Deus é muito fácil. Qualquer ser humano pode fazer isso, basta querer. Os estudos profundos de Religião se dedicam mais a ensinar o reconhecimento da comunicação no sentido "Deus para a pessoa" do que "da pessoa para Deus". Isto é, ajudam a entender o que Deus está lhe dizendo ou respondendo.

— Um exemplo, por favor — pediu o jovem.

— Deus é um ente que se revela. Ele não se esconde das suas

criaturas. Ao longo de toda a história encontramos revelações de Deus. Deus se revelou a Abraão, a Moisés, a Maomé, a José, a João, a Paulo. Voltando do Egito, Moisés recebeu de Deus as pedras com os Dez Mandamentos. Quando Jesus nasceu, Deus se revelou em sonhos aos Reis Magos e enviou a estrela para conduzí-los a Belém. Trinta anos depois, no batismo de Jesus o Pai disse: "Este é o meu filho muito amado". Deus se revela diariamente aos homens, a bilhões de pessoas, embora estas raramente o percebam.

— Deus se revela também a pessoas simples, sem projeção no mundo?

— Claro que sim! Deus se revela a cada pessoa através de sinais. E isso não acontece eventualmente, em ocasiões especiais. Deus se revela cotidianamente a nós. A cada dia recebemos vários sinais que são revelações de Deus, mas não sabemos reconhecê-los. É por isso que a religião é útil: o estudo de milhares de pessoas, durante séculos, permitiu que as revelações através de sinais se tornassem mais claras.

— O senhor já recebeu algum sinal de Deus?

— Você quis perguntar se eu já recebi algum sinal de Deus hoje? Claro que sim. Recebo muitos a cada dia. Deus está presente em cada minuto que eu vivo. Por exemplo: quando começamos o assunto "Comunicação com Deus" no meu pensamento veio a palavra Religare e eu já sabia que você não estudou latim. Neste mesmo instante meus olhos viram o galho de árvore no chão. A presença do galho foi um sinal de Deus para que eu escrevesse a palavra. Mesmo não conhecendo latim, você entendeu perfeitamente o significado depois que eu escrevi a palavra. Por que o galho estava ao lado deste banco e não em qualquer outro local da praça? Com esse sinal, Deus me indicou o que fazer.

— E a sua liberdade de escolha, a sua autodeterminação pessoal que, como disse, Deus respeita sempre?

— Eu podia aceitar ou não o sinal. Deus não fez o galho cair sobre mim.

Ambos riram e o jovem tentou lembrar se Deus havia lhe enviado algum sinal naquela manhã. Tudo o que havia acontecido era perfeitamente normal, desde o café na pousada até o encontro com o monge. A única novidade aconteceu por conta dos espanhóis da pousada que estavam de partida para Pisa e o convidaram para se juntar ao grupo. Para não perder a conversa com frei Mateus havia decidido ir a Pisa no fim de semana, quando o convento estaria recebendo mais turistas e os monges ficariam mais ocupados. O frade continuou:

— Deus respeita a liberdade de cada pessoa, apenas faz sugestões. Temos exemplos disso em toda a História Sagrada. O homem recebeu o discernimento para saber o que é certo e errado, mas Deus não o obriga a fazer sempre o certo, pode escolher o errado. O problema é que, quando erra, o homem fica infeliz.

— Por quê? — quis saber o jovem.

— Os erros geram sofrimento porque o homem foi construído como uma engrenagem, em que cada peça funciona bem se a outra funcionar também. Se o homem erra, por exemplo, embriagando-se em excesso, acaba tendo problemas com a saúde física e mental.

— Mas as pessoas que se embriagam, em geral, o fazem para esquecer seus problemas. O que quero dizer é que a dependência alcoólica, ou química, não é causa e sim consequência.

— Concordo com você neste ponto. Essas dependências são consequências de carências, de erros anteriores, da própria pessoa ou de outras. Mas a dependência alcoólica ou química como qualquer tipo de fuga, no lugar de resolver o problema, acaba aumentando-o. Um erro leva ao outro.

— Sim, também concordo, mas por acaso Deus não deu ao homem um Plano B, uma alternativa para o caso da engrenagem perfeita ter algum problema? Assim como uma assistência técnica ou manutenção corretiva?

— Claro! Essa é uma das aplicações mais interessantes da comunicação com Deus. Todas as vezes em que o homem precisa corrigir alguma coisa na sua engrenagem quase perfeita, nada melhor do que chamar o "técnico" que a construiu. Quando passa por um sofrimento, quando há uma grande dúvida, quando a tristeza e o desânimo tomam conta do coração do homem, estes são os momentos em que ele mais precisa de Deus.

— E o que ele deve fazer?

— Ir em busca da vida espiritual, onde pode corrigir a engrenagem e consegue ser feliz. Diz o Eclesiastes que "Deus colocou a eternidade no coração do homem sem que ele percebesse". A presença de Deus no coração faz as pessoas se "esquecerem" do sofrimento físico, trocando-o pela felicidade espiritual. Só é verdadeiramente feliz quem tem Deus no coração.

— "A religião é o ópio do povo", disse Marx — as palavras haviam saído mecanicamente de sua boca. O jovem arrependeu-se por sua palavras contrárias ao pensamento religioso e tentou consertar.

— Não que eu acredite nisso...

— Marx estava errado — corrigiu o frade. — A religião é o bálsamo que cura, reconforta e incentiva cada pessoa a buscar o Caminho certo, a Verdade absoluta e a Vida completa. É o lubrificante que faz a engrenagem estar sempre em forma, como nova, e assim apresentar o menor número possível de falhas. É o contato permanente com Deus, o técnico responsável. É a conexão espiritual indispensável para a felicidade humana.

O jovem concordou com a cabeça. Pelo menos o monge não havia caído naquela explicação antiquada de religião baseada no temor dos castigos do inferno. Logo retrucou:

— Esta conexão é iniciada pelo homem ou parte de Deus?

— Deus está sempre disponível para receber ou iniciar uma conexão. Quem a evita costuma ser o próprio homem.

— Mas embora esteja sempre disponível e tenha se comunicado com o ser humano, Deus nunca apareceu fisicamente a nenhum deles – ponderou o jovem.

— Porque Deus é espírito.

— O que significa "ser espírito"?

— Existe uma passagem das Escrituras que explica isso: Quando Cristo chegou ao poço de Jacó, considerado um local santo pelos habitantes da Samaria, aproximou-se uma mulher com um jarro. Esse lhe pediu água e a samaritana, vendo que era um hebreu, perguntou–lhe se o local certo para adorar a Deus era naquela montanha ou em Jerusalém, onde os hebreus o adoravam. A resposta de Cristo foi imediata: "Creia-me, mulher, a hora virá em que nem aqui, nesta montanha, nem em Jerusalém vós adorareis o Pai. A hora virá em que o Pai será adorado em espírito e em verdade." Isto significa que Deus não está em algum espaço físico do mundo que conhecemos, mas em um mundo espiritual que não conhecemos. Estudos religiosos mostram que é fácil acreditar no que se vê, porém é difícil acreditar no mundo espiritual do qual só se tem experiências imateriais.

— Um mundo espiritual que não podemos ver — concordou o jovem.

— Como numa casa iluminada internamente, mas fechada, cuja luz é visível pelas frestas das janelas em uma intensidade tão grande que se pode imaginar a claridade do seu interior.

— Talvez porque esteja acima da nossa inteligência humana, — completou o jovem.

— Como as pequenas formigas e abelhas nunca compreenderão a vida e a história dos seres humanos. Precisaríamos de neurônios em quantidade infinita para armazenar o que Deus tem na sua sabedoria. Por isto dizemos que Deus é um mistério. Mesmo que Deus queira se revelar por completo, somente podemos entender pequenas facetas de sua totalidade. Frestas nas janelas.

O jovem estava satisfeito com as explicações sobre o mistério divino, mas ainda desejava saber como comunicar-se com Deus.

— Então, digamos que eu queira falar com Deus aqui e agora, como posso encontrá-lo?

— Como você não é mais criança, deverá derrubar algumas barreiras que construiu durante a vida.

— Tais como...? — perguntou ao monge.

— Mesmo com toda a sua inteligência, é informação demais num só dia. Aguarde simplesmente. Deus criará a oportunidade no momento certo.

Após alguns minutos de silêncio, o jovem percebeu que o monge havia silenciado e sentiu que a conversa havia chegado ao fim. Despediu-se perguntando se poderia voltar no dia seguinte para continuar o assunto. Com um sorriso acolhedor o religioso respondeu:

— Uma escada se sobe degrau a degrau. Aguardarei você aqui amanhã.

O jovem desceu a montanha pensando nas palavras do monge. Como era difícil estabelecer esse contato com Deus! Primeiro, onde está Deus? Segundo, se ele soubesse o lugar certo e começasse a falar iria logo ser tomado por um louco, falando sozinho. Como explicar que estava "se comunicando" com Deus?

Pensou na semelhança desta situação com o que vira naqueles sites de compras da internet, em que a pessoa paga, recebe o produto e se acontecer qualquer problema, não existe um telefone de contato, tudo tem que ser feito através de e-mails que nunca são respondidos.

Imaginou uma Central de Atendimento ao Cliente no céu com milhões de telefones e as pessoas reclamando de tudo: da chuva, do sol, do frio, do calor, da sede, da fome, da dor na coluna, da falta de emprego, das saudades dos entes queridos. E uma central *VIP* para ser acessada quando algum ente querido morresse...

Começou a se questionar. E se isso tudo não fosse uma divagação mental, mas a pura verdade? E se existisse uma forma de pedir socorro em qualquer situação da vida, mas ele simplesmente não a conhecesse? Quem sabe até o fim da semana ele já teria essa resposta...

Voltou para a pousada e dormiu buscando os sinais que Deus lhe havia enviado na vida. E começou a acreditar que aquela falha de despertador que encerrou sua carreira na empresa poderia ter sido um sinal de Deus para fazê-lo pensar melhor sobre como estava desperdiçando sua vida.

Sonhos, projetos e seus recursos

CHEGANDO AO CONVENTO, O JOVEM VIU um jovem casal subindo a pequena escada da cantina. A senhora apresentava uma barriga aparentando uns seis meses de gestação. Deixando que fossem atendidos pelo monge, o jovem entrou devagar e permaneceu discretamente na parte de trás da cantina, entre as prateleiras de garrafas de licor.

Enquanto recebia os turistas, o monge viu o jovem ao fundo e fez-lhe sinal para aguardar. A seguir, dirigindo-se ao casal em italiano, perguntou gentilmente como poderia serví-los. Os turistas, responderam com sotaque francês:

— *Due cappuccini per favore, uno con liquore. Anche due panini con prosciutto crudo e formaggio, per favore.*[19]

— *Je vous servirai à la table, Monsieur e Madame. Um moment, s'il vous plaît!*[20]

O monge preparou o café na máquina e os sanduíches enquanto o marido aguardava de pé. Gentil, não queria ser servido pelo velho frade e tentou pegar a bandeja das suas mãos, mas este não permitiu.

— *C'est mon travail, Monsieur. Je ne peux pas perdre cet emploi! Personne ne m'en donnera un autre!*[21]

O casal sorriu encantado com a gentileza e a humildade do velho monge, que também sorria. O jovem, que a tudo

---

19 Tradução do italiano: "Dois cafés por favor. E também dois sanduíches de presunto e queijo, por favor"
20 Tradução do francês: "Eu os servirei na mesa, senhor e senhora. Aguardem um momento por favor."
21 Tradução francês: 'É meu trabalho, senhor. Eu não posso perder este emprego. Ninguém vai me dar outro..."

assistia de longe, percebeu que a sabedoria e a humildade são irmãs gêmeas.

Não demorou muito a conversa. O casal já estava no fim das férias e o tempo para visitar Monte Campanário havia sido reduzido. Compraram quatro garrafas de licor de abeto com o selo do mosteiro. Na saída, o marido pediu ao frade que rezasse pelo casal e pelo bebê que nasceria em três meses. Este, acompanhando-os até a porta, disse que o Pai lhes daria tudo o que precisassem para cuidar do bebê. Bastava pedir. E, aumentando ligeiramente a voz para enfatizar o que ia dizer, o monge completou em italiano:

— *La preghiera è la forza dell'uomo e la debolezza di Dio.*[22]

— *Au revoir, Père! Nous reviendrons après la naissance de notre fils!*[23]

— *Au revoir! L'amour de Dieu vous couvrira de ses bénédictions!*[24]

Retornando ao interior da cantina, frei Mateus encontrou o frade que o substituiria já no balcão, assim sendo, convidou o jovem para mais um passeio. Desta vez desceram a ladeira até o pomar, onde as árvores frutíferas começavam a florir preparando-se para a sua produção anual de maçãs, peras, nozes, amêndoas, laranjas e limões.

O monge sentou-se num banco sob um grande carvalho e fez sinal ao jovem que se sentasse também. frei Mateus come-

---

22 Tradução do italiano: "A oração é a força do homem e a fraqueza de Deus"
23 Tradução do francês: "Até logo, padre! Voltaremos depois que nosso filho nascer!"
24 Tradução do francês: "Até logo! O amor de Deus os cobrirá com suas bênçãos!"

çou a falar suavemente, fixando um ponto distante da paisagem à sua frente.

— Por que as pessoas continuam a sonhar com um futuro melhor? — e após uma breve pausa continuou — porque precisam. Uma vida sem sonhos, sem objetivos, é uma vida vegetativa, é uma submissão ao físico e ao emocional. Uma escravidão da mente aos instintos e às emoções.

— Os sonhos nos ajudam a viver o presente — comentou o jovem lembrando-se do seu trabalho quase escravo e dos sonhos que tinha de conhecer a Itália.

— Quando nos permitimos sonhar, imaginamos mudanças positivas no nosso dia a dia e transportamos a nossa mente no tempo, como se as mudanças já tivessem ocorrido. Dessa forma, nos abstraímos da realidade e passamos a procurar meios de construir o sonho. É assim que a humanidade tem progredido nesses milênios.

— Então os sonhos são "projetos mentais"? — Inquiriu o jovem.

— Mais ou menos isso. Quando os sonhos são viáveis, podem ser vistos como verdadeiros "projetos mentais". Para sermos felizes precisamos estar envolvidos em alguma atividade ou projeto interessante, que nos atraia, nos apaixone. Você já estudou isto: projetos são iniciativas que possuem início, meio e fim, tais como: o aprendizado de um ofício, uma reforma na casa, a pintura de um quadro, uma gestação. Quando temos um projeto em execução, a cada dia podemos acompanhar o andamento, identificar o progresso, resolver as pendências e sonhar com o seu término. O término de um projeto traz a vitória sob a forma de um diploma, uma casa bonita, uma obra de arte, uma nova pessoa. O ser humano não pode ser feliz sem estar continuamente fazendo e realizando projetos e sonhos e sentindo-se vitorioso quando eles terminam.

— Eu já trabalhei em projetos nos quais havia o envolvimento de recursos financeiros, humanos e tecnológicos. A alegria da vitória era tanto maior quanto maior haviam sido o tempo e os recursos despendidos. Quanto mais investíamos, mais felizes ficávamos com o resultado.

— Mas há outros tipos de recursos, além dos financeiros, humanos e tecnológicos que você mencionou.

— Quais?

— Recursos emocionais e recursos espirituais.

— Em projetos empresariais? Desconheço como podem ser úteis.

— Eles não são ensinados na faculdade de economia. Mas vou lhe dar um exemplo de um projeto em que a maior parte dos recursos envolvidos são os emocionais: o projeto chama-se "criação de um ser humano". Você tem noção da quantidade de emoções que os pais geram e consomem diariamente enquanto estão criando um filho? Qual a criança que terá mais condições no futuro, a que é criada em um ambiente de acolhimento, amor e compreensão ou a que é ignorada e passa os dias assistindo televisão?

— É verdade! Interessante essa visão da criação de uma criança como um projeto. Pensando bem, é verdade, tem todos os requisitos de um projeto. Tem início, meio e fim, utiliza tempo e recursos, chega-se a um resultado. E necessita de muito amor e carinho, que o senhor denomina "recursos emocionais".

— Ainda há os recursos espirituais, os mais desconhecidos. Por serem utilizados de forma intuitiva, a humanidade ainda não aprendeu a utilizar nem metade do seu potencial. É um desperdício de recursos que acontece em todas as culturas e civilizações.

O jovem pediu licença ao monge e caminhou até um pequeno canteiro onde floresciam papoulas amarelas. Ao lado deste, uma bica de água corrente escoava numa pedra encavada, que parecia estar ali havia milhares de anos.

— Esta água é potável? — perguntou ao monge.

— Sim, como toda a nossa água. Vem do alto da montanha e não há animais por aqui para contaminá-la. Pode beber tranquilo.

O jovem bebeu a água fresca da montanha e sentindo-se revigorar deu um largo sorriso. Que lugar mágico esta montanha quase esquecida no meio da Toscana! Que sorte a sua tê-la encontrado! Assim pensando, voltou a sentar-se no banco.

— Então, o senhor falava dos recursos espirituais.

— Sim, falava que a humanidade ainda não aprendeu a utilizar nem dez por cento do seu potencial.

— Não diga! Num mundo tão carente de recursos, como se pode desperdiçar noventa por cento de um recurso! Deve ser muito farto para poder permitir tal desperdício!

— Os motivos da subutilização dos recursos espirituais são outros. Passam pelo desconhecimento da sua existência, pela dificuldade de encontrar suas fontes, pela falta de interesse em estudar suas aplicações e, finalmente, creio, o maior motivo é porque os homens não acreditam neles.

— Não acreditam ou não conseguem buscá-los? Ontem mesmo, conversando sobre a comunicação com Deus, falamos que era difícil entrar em contato com um ente que não tem corpo físico, não fala, não responde de forma audível. Talvez aí esteja a dificuldade na utilização dos recursos espirituais.

— Este é apenas um lado, que logo vamos elucidar. Há outro aspecto que causa a subutilização dos recursos espirituais. Há grupos de pessoas no mundo que embora sejam espiritualizadas, utilizam os recursos espirituais de forma errada. Esses grupos humanos aprendem desde crianças a dirigir-se ao Criador, e até podem fazer disto o centro de suas vidas, mas o fazem com tanto temor e respeito que a relação se torna pesada. Comunicam-se com Deus como um senhor e não como um pai. A relação de inferioridade causa uma perda da autoconfiança e um aumento da dependência, tornando-os meros espectadores no palco da vida. Querem que Deus os proteja, alimente e guie, como se fossem seres desprovidos de inteligência.

— Falta estabelecer as bases da sua contrapartida no negócio — ponderou o jovem.

— Não se trata exatamente de um negócio da forma que você considera, uma relação puramente comercial. Trata-se de uma relação de amor em que todos devem estar envolvidos. Em que Deus faz a sua parte, mas espera que o homem também participe, com a força de vontade e a capacidade de amar que possui. É isto que o Criador deseja para seus filhos. Ao municiar o ser humano com autodeterminação e inteligência, com o conhecimento do passado e a possibilidade de planejar do futuro, Deus pretende que o homem também assuma responsabilidade por sua vida. Deus não nos quer tratar como crianças a vida inteira, espera que, quando adultos, sejamos capazes de escolher nosso próprio destino e lutar por ele. Para isso deu ao homem o "livre arbítrio" que é a capacidade de estar sempre escolhendo, decidindo, selecionando.

— Mas para algumas pessoas isto é muito difícil. Podem não ter inteligência, cultura, dinheiro ou estrutura emocional adequados. Como os congoleses...

— Os recursos espirituais que Deus coloca à nossa disposição são capazes de suprir as carências de todos os outros recursos. Deus não quer e não pode ficar acompanhando passo a passo o que fazemos, pois isso seria contrário ao livre arbítrio com o qual nos presenteou ao nascermos. Em termos econômicos seria intervencionismo, e já sabemos que a política divina é a do liberalismo. Deus não deseja atuar na nossa vida adulta como *baby-sitter*[25], e sim como nosso "colaborador". Entramos com os nossos sonhos, projetos e trabalho, ele entra com os recursos espirituais.

— A partir de quando Deus começa a nos ajudar nos nossos projetos?

— Desde sempre. Agora mesmo, neste exato instante, Deus

---

25 "babysitter": babá, cuidadora

está trabalhando a seu favor! Não importa o que está diante de você, não importam as dificuldades que terá que enfrentar neste dia, Deus tem um plano maravilhoso que fará com que tudo contribua para ajudá-lo. Você foi chamado de acordo com o propósito dele, por isto, neste momento, ele está movendo todas as coisas para o seu bem. Ele está planejando as pessoas certas que passarão pelo seu caminho e as novas oportunidades que surgirão diante de você. Você não conseguirá ver isto com os olhos naturais, mas se olhar com os olhos da fé, verá tudo o que ele está fazendo a seu favor!

— Então, de alguma forma, Deus está tentando comunicar-se comigo? — o jovem estava atônito com as palavras do monge. — Como posso reconhecer esses sinais?

— A experiência individual é o melhor caminho para este aprendizado, o amadurecimento ensina mais do que a escola porque as fontes de informação da vida vão se alargando à medida que a vida acontece. No início da vida, o canal de captação dos recursos espirituais tem a amplitude de apenas alguns *bytes*[26], no fim da vida o canal do conhecimento tem a largura de mega ou gigabytes. Falo assim porque jovens como você são conectados na Informática. Se você fosse um atleta, diria que os seus músculos se desenvolvem a uma velocidade maior à medida que são exercitados. Se fosse um varejista diria que você leva mais tempo para ir da primeira à décima venda do que da centésima à bicentésima.

---

26 "Bytes": termo técnico usado em comunicação para indicar a quantidade de informação transferida de um ponto a outro.

O monge levantou-se devagar e recomeçou a caminhar enquanto o jovem o seguia. Ao passarem por uma árvore florida, perguntou ao jovem:

— Conhece esta planta?

— Não senhor.

— É um limoeiro. Produz aqueles grandes limões amarelos, conhecidos como "limão siciliano" e do qual se prepara uma bebida denominada *limoncello*[27].

— *Limoncello?* Já tomei! É deliciosa. Produto do sul da Itália.

— Você visitou o sul da Itália?

— Sim! Estive em Palermo, na Sicilia e fui subindo a Itália até Napoli. Passei pela Costa Amalfitana que possui a cor do mar mais azul que já vi na vida. Também visitei cidades antigas fundadas por civilizações que habitaram a península italiana antes dos romanos, como os oscos e os latinos. Conheci uma cidade, Benevento, onde até hoje se preservam as tradições do povo sanico anterior ao Império Romano.

— A Itália é um caldeirão de história. Também de cultura, artes e música — acrescentou o frade.

— Acrescentando a culinária, a viticultura e a moda.

— Sem esquecer a tecnologia. Desde os aparatos de guerra e construções romanos, passando pelos inventos de Leonardo da Vinci, Galileo Galilei, Fermi e Marconi até Meucci, o qual recentemente foi reconhecido como o inventor de telefone antes de Graham-Bell. Mas esta é outra conversa.

---

27 "Limoncello": licor de limão siciliano

Haviam chegado à ladeira principal que ascendia ao Mosteiro. O monge olhou o jovem nos olhos e perguntou:

— E por falar em telefone, já fez algum progresso nas suas pesquisas sobre a "central de teleatendimento espiritual"?

— Como o senhor ....

— Não é difícil imaginar que um jovem conectado como você pense em conexões espirituais como uma forma de comunicação igual a qualquer outra. Só que as coisas funcionam de forma bem diferente do que imagina.

— É isto que desejo aprender com o senhor!

— Amanhã, meu caro. Hoje meu tempo está comprometido com o orçamento anual do convento.

— É o senhor quem o faz?

— Como poderia evitar? Descobriram há anos que estudei economia...

— Agora entendi tudo — disse o jovem sorrindo.

— A domani![28]

— A domani Fra Matteo!

---

28 "A domani": "Até amanhã"

O capital espiritual

NO DIA SEGUINTE, O MONGE E O JOVEM desceram a montanha até a sua metade e tomaram o caminho em direção ao vinhedo, que produzia vinho para as missas e a mesa. O monge escolheu uma aléa e começou a caminhar analisando cada parreira sem tocar nas uvas. O jovem o acompanhava e viu quando o religioso encontrou uma larva. Com a tesoura de poda que trouxera, cortou a folha com a lagarta e colocou-a num cesto para ser levada aos patos. Continuaram a caminhar pela aléa.

— Precisamos entrar um pouco na história — disse o monge, — a história nos ajuda a entender a muita coisa, inclusive a religião e a economia.

— Um dos meus professores dizia sempre que o estudo da economia fica mais interessante à luz da história — concordou o jovem.

— Vamos voltar aos primórdios da criação do homem. Diz o Gênesis[29] que Deus não queria estar só e então decidiu criar. Criou a terra, as plantas, os animais, o que foi feito não durante sete dias, como diz o Genesis, mas por bilhões de anos. A cada nova espécie criada, Deus aprimorava a criação acrescentando alguma melhoria. Entretanto, faltava alguma coisa. Deus não queria um mundo apenas para ser seu playground[30] onde os seres vivos estivessem inteiramente a seu dispor e a seu favor, agindo mecanicamente por instintos. Então decidiu

---

[29] "Gênesis": Um dos cinco livros sagrados do Pentateuco, escritos pelos hebreus há mais de cinco mil anos que conta, de forma simbólica, a história dos primeiros homens na Terra e tem sido utilizado como base para o cristianismo e centenas de outras religiões.

[30] "playground": parque de diversões

criar uma espécie a sua imagem e semelhança. Quando Deus decidiu "procriar", isto é expandir parte de si próprio, deu a cada homem um pouco de si mesmo. Assim, em cada um dos bilhões de seres humanos existe uma parte infinitesimal dos poderes divinos, sem que Deus tenha perdido nada porque seus poderes são infinitos. Da mesma forma um filho nasce com características físicas, intelectuais e emocionais dos pais sem tomar nada do pai ou da mãe. Este é um dos milagres da criação. Essa "identidade" com Deus explica por que em algumas religiões Deus é chamado de "pai".

— É como se existisse um DNA divino em cada ser humano? — inquiriu o jovem.

— Cientificamente falando seria isso mesmo. De todas as nossas características com DNA divino, ressaltamos três: a inteligência, a emoção e o espírito. Através da inteligência, os homens são indagadores e buscam entender o mundo em que vivem, além de descobrir formas de torná-lo melhor completando a criação divina (uma parceria com Deus). Através da emoção, os seres humanos podem se relacionar uns com os outros, isto é importante para que vivam harmoniosamente, compartilhando o mesmo mundo, e possam apoiar-se nas tarefas mais complexas.

— Mas essas características também podem ser utilizada negativamente? — interrompeu o jovem.

— Consequência da política liberalista de Deus. O homem pode usar tanto a inteligência como a emoção de forma negativa, causando sofrimento e dor. Deus não gosta de ver o homem sofrer, assim, tenta corrigir algumas situações sem contudo interferir na vida das pessoas.

— Deve ser bem complicado fazer isso.

— Sim..., continuemos. A terceira característica é a que mais nos identifica com o nosso Pai, é a parte do DNA mais constatadora da nossa filiação divina. Para não perder o contato com os seus filhos, Deus deu-lhes um espírito, dotando cada pequeno ser de uma habilidade para comunicar-se com ele mesmo, o Criador. Este conjunto formado pela inteligência (capital intelectual), pela emoção (capital emocional) e pelo espírito (capital espiritual) é o "capital inicial" que cada ser humano recebe para principiar a aventura de viver.

— A vida também é um projeto?

— Mais que isso. A vida é uma sequência de vários projetos os quais tem início, meio e fim, mas segundo todas as religiões que já existiram no mundo, ao final da vida é feita uma "avaliação geral" em que Deus premia os que utilizaram bem os recursos que ele concedeu e pune os que não utilizaram. É o que dizem os teólogos.

— Espero ser bem avaliado...

— Estou certo que será!

O monge encontrou outra lagarta e cortou a folha. As videiras estavam verdes e brilhavam ao sol, algumas folhas já começavam a tornar-se violetas. Pequeninos cachos de uva começavam a despontar em cada árvore, prenunciando uma boa colheita. O monge retomou o assunto.

— Continuando: o ser humano está no topo da cadeia

da criação, não existe outra espécie mais desenvolvida. Esta superioridade pode ser entendida como a habilidade de sobreviver melhor num mundo em transformação constante, aliada à capacidade de utilizar de forma mais sustentável os recursos disponíveis.

— Utilizar de forma mais sustentável os recursos disponíveis – repetiu o jovem *yuppie* de Nova York, sempre pronto a defender todos os índios do mundo, mas que nunca havia visitado uma reserva deles.

— Como vimos — prosseguiu o religioso, — ao surgir neste planeta o homem veio dotado de um corpo, constituído de matéria como os demais animais e de uma mente formada por três partes: intelectual, emocional e espiritual. A parte intelectual é uma evolução dos outros animais, sabemos que também os macacos, os golfinhos e outros animais possuem alguma inteligência. A parte emocional também é encontrada nos animais: um cão pode estar triste, amuado ou balançar a cauda demonstrando alegria. O que distingue a espécie humana dos outros habitantes deste planeta? A parte espiritual. Animais não se dobram em oração para reverenciar um ser superior. Animais reconhecem pessoas e têm reações emocionais, mas vivem apenas o presente, com lances rápidos do passado. Não sabem que existe o futuro, por isto não se preocupam com ele. Poucos animais treinados conseguem prever o que vai acontecer nos próximos cinco minutos.

— Há experiências sobre isto. Tenho visto reportagens surpreendentes sobre o treinamento de animais na dança e nos esportes. Entretanto vejo que apenas repetem o que lhes foi ensinado, não realizam atividades criativas nem alteram as características do conhecimento que está condicionado. E, no tocante a futuro, parece que vivem apenas o momento presente.

— Ao contrário — continuou o monge —, o ser humano pensa no futuro, por isso, sabe que, com grande probabilidade, viverá o amanhã, o próximo mês, o próximo ano. Sabemos se haverá uma boa colheita apenas analisando a situação do vinhedo muitos meses antes que ela aconteça. Se não possuísse esta habilidade de prever o futuro, a vida do homem teria sido sempre caçar quando surgisse a fome, dormir quando aparecesse o sono, reproduzir-se quando os hormônios decidissem. Não semearia, não colheria, não armazenaria alimentos. Sua vida seria tão simples como a de qualquer outro animal ou planta. Seu corpo teria se adequado às variações climáticas, estaria adaptado para suportar o frio e o calor, e o que é mais intrigante, os humanos não sofreriam com as perdas dos entes queridos, porque não imaginariam como seria o futuro sem eles.

O jovem franziu a testa refutando essa ideia de viver dominado por instintos enquanto o monge concluía rapidamente sua linha de raciocínio.

— Mas nosso Criador não quis assim. Ao contrário, quis "criar o homem à sua imagem e semelhança", dando-nos o conhecimento do passado e a expectativa do futuro. E mais: além de saber que existe um futuro, o homem ganhou a chance de intervir nele. Esse discernimento tornou o ser humano capaz de dominar toda a criação, fazendo as mudanças que decidir.

— Assim começou a plantar, criar e ter a sua própria produção no lugar de ser apenas caçador-coletor do que já existia na terra – completou o jovem.

— Correto. Então, prossigamos. Esta autonomia para interferir na criação, deu ao homem um grande poder. Ele seria capaz até mesmo de colocar tudo a perder, se quisesse destruir toda a criação. Tanto poder assustou o pequeno ser. Assim surgiu o medo, a insegurança e a incerteza. Para livrá-lo desses sentimentos negativos, o Criador deu-lhe a possibilidade de comunicar-se com ele quando quisesse, quando precisasse. Deu-lhe a capacidade de estabelecer um contato permanente com ele, como um "consultor para todos os assuntos". Por isto inseriu a parte espiritual na mente humana, a qual não existe nos outros animais.

— O senhor está dizendo que a parte espiritual do ser humano existe para estabelecer o contato com Deus?

— Exatamente. Através do seu espírito o homem entra em contato com o manancial inesgotável de recursos espirituais existente em Deus, reduzindo o medo, acalmando a ansiedade, resolvendo conflitos com outros seres humanos, aumentando as possibilidades de sucesso e alavancando seus projetos.

— Sendo assim, o recurso inesgotável, que alavanca projetos e do qual o homem só aprendeu a utilizar dez por cento, é a comunicação com Deus?

— Claro!

A mente do jovem economista, acostumada a demonstrações matemáticas e planilhas multidimensionais de cálculos achou a resposta simples demais. Nada pode ser tão simples. Pensou: "se eu iniciar um projeto, alocar todos os recursos humanos e financeiros, fizer o cronograma, definir as tarefas e a interdependência entre elas, programar as atividades e os seus responsáveis, especificar tudo e no final, ao calcular o resultado, aplicar um percentual sobre o lucro proveniente dos recursos espirituais, com certeza vão me considerar louco". Percebendo o que o jovem deveria estar pensando, o monge perguntou:

— Lembra-se do que eu lhe respondi ontem sobre qual era o maior motivo da subutilização dos recursos espirituais pelos seres humanos?

— Desculpe, me esqueci.

— É o fato de os homens não acreditarem neles.

— O senhor tem razão — confessou o jovem. — Pelo menos as pessoas que estudaram economia e finanças, como eu, dificilmente acreditarão numa conta em que dois mais dois é maior do que quatro.

— Mas se você lembrar que o objetivo de todo empreendedor é gerar riqueza, verá que dois mais dois serão maior do que quatro em qualquer empresa bem-sucedida. Qual é o empresário que ficaria feliz com uma empresa que lhe devolve exaltamento o valor investido?

— É verdade, a empresa deve gerar mais recursos do que consumiu. Mas os recursos espirituais são intangíveis, não podem ser contabilizados.

— Sim, não podem ser quantificados. Mas ainda assim podem ser utilizados — disse o monge enquanto cortava outra folha da videira.

O jovem pensava sobre tudo isso. Realmente Deus não havia deixado o mundo "solto" como pensara a princípio. Estava permanentemente cuidando de tudo. Se o homem fosse uma videira e Deus fosse um monge, a videira pensaria que estava abandonada, mas quando uma larva a estivesse consumindo sentiria uma mão benfazeja levando embora a lagarta.

Estavam chegando ao fim da aléa. Todas as videiras deste caminho haviam sido examinadas. O frade estava com o cesto cheio de folhas e lagartas. Os patos teriam uma refeição nutritiva e saborosa. Mesmo interferindo na criação, o que estava sendo feito era bom.

— Vamos retornar — disse monge Mateus.

— Como o senhor quiser — respondeu o jovem. — Só não entendi por que Deus, que pode fazer tudo sozinho, precisa da participação humana para organizar o mundo.

— Deus não precisa, apenas deseja e aprecia a participação humana. Mas está sempre acompanhando tudo de perto. Voltemos à economia. Vivemos num mundo capitalista, em que foram definidas duas forças, capital e trabalho, com o objetivo de colaborarem para construir, fabricar, elaborar, difundir, semear, educar, etc., em qualquer área de atividade humana. Em geral, numa empresa uma pessoa ou grupo tem o capital (isto é, o dinheiro) e outra pessoa ou grupo faz o trabalho (isto é, a atividade). São poucas as atividades que podem ser feitas sem o capital, assim como o capital sem o trabalho não constrói nada. A pessoa que aporta o capital se chama sócio-capitalista e a pessoa que faz o trabalho é considerada o sócio-trabalhista.

— Sim, correto — disse o jovem lembrando-se das centenas de empresas que analisou.

— O ser humano se acostumou a essa divisão capital-trabalho desde a antiguidade, mas nunca pensou que, muito antes da pré-história, havia um sócio-capitalista que havia aportado ao mundo tudo o que era necessário para que o sócio-trabalhista, quando aqui chegasse, pudesse realizar o seu trabalho. Quando surgiu, o homem interpretou o Criador como um ser poderoso, um dono autoritário e exigente, que mantinha os humanos sob a mais estrita vigilância e para quem era necessário sacrificar vidas. Foi chamado Jeová, Shiva, Júpiter, Zeus, Alá e muitos outros nomes. Milênios transcorreram antes do homem descobrir que Deus não era um patrão, mas um colaborador ou um sócio e que este sócio, sendo infinitamente poderoso, poderia ajudá-lo na realização de qualquer projeto, de qualquer sonho.

O jovem arregalou os olhos. Essa interpretação da relação entre Deus e o homem era no mínimo intrigante. "Sócios"?

— A partir daí — continuou o monge —, as culturas que possuíam essa percepção de Deus como sócio-capitalista começaram a evoluir de tal forma que sobrepujaram aquelas onde Deus era o patrão-tirano. Fácil de compreender, porque a natureza do ser humano não é a de se "submeter" trabalhando como escravo e, sim, a de se "associar" trabalhando como co-proprietário. Nas culturas em que Deus era o colaborador, o canal de comunicação entre o homem e Deus se alargou, permitindo uma captação cada vez maior do capital espiritual e um alavancamento cada vez maior de cada projeto individual ou coletivo.

— Porque o capital espiritual ajuda tanto? — perguntou o jovem.

— O capital espiritual é a fonte de vida de um projeto assim como a água é fonte da vida física. Ele contém elementos que permitem vencer as dificuldades, esperar o tempo para que as coisas aconteçam, encontrar os parceiros e colaboradores adequados, aceitar as limitações dos recursos e das pessoas e compreendê-las, enfim, solucionar problemas de qualquer ordem, tais como técnicos, financeiros, burocráticos e institucionais. É a água que molha o solo do projeto para que dele a semente germine, cresça e produza frutos.

— Como o senhor o define? — inquiriu o jovem.

— Um cientista diria que o capital espiritual é feito de energia. Um político diria que é feito de poder. Um filósofo, que é feito de conhecimento. Um militar, que é feito de coragem.

Um teólogo, que é feito de fé. Resumindo, o capital espiritual é feito do que a pessoa mais valoriza e mais precisa no momento.

— Parece milagre — disse o jovem. — E onde estão as pessoas que utilizam esse capital? Onde posso encontrá-las?

— Pelo mundo afora. O que estamos conversando não é novidade alguma. Há milhares de pessoas no mundo que já descobriram o capital espiritual e o usam diariamente, mesmo que não o conheçam com este nome, o qual, convenhamos, é um nome mais "técnico".

— O senhor pode citar alguma? Uma pessoa que o senhor conheça e que não seja frade.

— Várias. O primeiro é Bernard, meu amigo francês. Bernard e sua esposa moram numa pequena cidade no sul da França, numa linda casa de pedras. Os quatro filhos já são casados e moram nas grandes cidades, mas nos feriados e férias vão para a casa do pai. Para abrigar a família toda nessas ocasiões, Bernard construiu mais uma enorme casa com pedras aproveitadas de antigos muros medievais. Este meu amigo e sua esposa rezam diariamente e entregam tudo o que precisam nas mãos de Deus. Todos os seus projetos são feitos em parceria com Deus. Na última vez em que o visitei, referindo-se à quantidade de benefícios que recebe diariamente do Pai, disse uma frase que me ficou gravada no coração: "*Je suis gâté par Dieu*", que significa: "Eu sou mimado por Deus".

— Emocionante.

— Tenho também um amigo no Brasil. Trabalhava numa empresa de construção de aviões e acalentava o sonho de ter sua própria fábrica de bicicletas esportivas. Assim, demitiu-se da grande e sólida empresa e abriu sua pequena fábrica com poucos recursos que havia aprovisionado. Passou por inúmeras dificuldades, mas ia à missa todos os dias e se entregava nas mãos de Deus. O sócio-capitalista aportou muitos recursos espirituais apoiando-o diariamente, porque o sócio-trabalhista tinha três filhos em idade escolar e o país passava por uma grande recessão. Esse amigo sempre me escrevia pedindo orações. Passou por muitas situações complicadas sem nunca perder a fé na vitória final. Foram mais de quinze anos de trabalho duro e sofrimento, mas um dia recebi pelo correio um convite que fez meu coração saltar de alegria: meu amigo havia sido selecionado entre centenas de empresários brasileiros para receber um grande prêmio de inovação. Hoje, além de tocar a sua fábrica, é chamado para fazer palestras sobre empreendedorismo e atua no mentoring[31] de novas iniciativas empresariais. A crise ajudou a forjar o homem que é hoje, que conhece e utiliza o capital espiritual, para quem não há dificuldade que não possa ser vencida quando se tem como aliado e sócio o Pai.

— Que experiência de vida!

— Há exemplos também em outras religiões. Quando vão iniciar um projeto novo, os judeus rezam salmos para que tudo aconteça de forma positiva e dão esmola aos necessitados com o intuito de "sensibilizar" o coração de Deus. Quer mais algum exemplo?

— Estou convencido, frei. Mas gostaria de saber mais sobre os caminhos para utilizar bem o capital espiritual.

— Então continuamos amanhã!

Haviam chegado à porta do Mosteiro. O frade sempre parava na hora certa, era informação demais e difícil de absorver. O jovem preferiu não tomar o ônibus e caminhar para pensar melhor em cada palavra que lhe fora dita. E a sua lista de inda-

---

31 "mentoring": aconselhamento

gações só aumentava. Quanto tempo uma pessoa deveria estudar para poder ser "parceiro" de Deus? Se Deus é Pai, não seria necessário estudo nenhum, por que um filho simplesmente "herda" o que o pai possui. Mas nesse caso do capital espiritual, como podemos ter certeza de que Deus participará da "sociedade? E ademais, porque a maioria dos homens não percebe que existe este "capital espiritual" para alavancar os seus projetos? Ou será que percebem, mas são orgulhosos demais para admitir?

Chegando a Florença o jovem se dirigiu à Piazza della Signoria. Garotas de todas as partes do mundo ali desfilavam com suas mochilas e seus shorts. Sabia que eram turistas pelo uniforme cáqui, necessário para evitar lavagens constantes. Ele já havia percorrido quase toda a Itália e conhecia bem a vida de mochileiro. Além disso, falava o suficiente da língua. Suas "férias" estavam no fim, em mais duas semanas embarcaria rumo a Nova York. Mas ainda queria retornar a Roma uma semana antes do embarque, para despedir-se da Cidade Eterna. Quem sabe haveria uma linda garota italiana numa cantina de toalhas quadriculadas verdes e vermelhas, esperando-o para lhe dizer por toda a vida as clássicas palavras do filme de Gigliola Cinquetti: *Come ti amo!*[32] E que gostasse de cozinhar para saber ensinar-lhe a fazer aquelas massas deliciosas!

---

32 Tradução do italiano: "Como eu te amo!"

A conexão espiritual

SEXTA-FEIRA, *VENERDÌ* PARA OS ITALIANOS. Fazia uma semana que o jovem ia diariamente ao convento e o máximo que conseguiu saber depois de tanta conversa foi que existe uma força espiritual, um poder a mais que o Criador distribuiu a cada pessoa para se conectar com ele e assim obter ajuda para os projetos pessoais e para a solução de problemas. Também aprendera um pouco sobre a evolução do mundo, sobre o processo de fabricação de licor, sobre as diferentes religiões do mundo. Quanto ao principal motivo da sua ida ao Mosteiro, que era o autoconhecimento, a busca de si mesmo e das suas respostas, nada havia sido feito. Ele só encontrara mais perguntas.

Mesmo assim, resolveu voltar. Talvez o fato de encontrar as perguntas já fosse meio caminho para obter as respostas. Antes ele não questionava nada. No seu escritório de Nova York passava os dias anotando números, analisando e emitindo pareceres sobre aquelas listas infinitas de índices e demonstrativos financeiros.

Encontrou o frade a meio caminho da subida, de onde o convidou a voltar ao pomar, já que o calor estava excessivo e lá era o local mais fresco da montanha. Sentaram-se novamente sob a copa frondosa do carvalho em frente à fonte de água corrente.

— Você deve estar cansado — disse o monge. — Está aprendendo em uma semana o que muita gente leva a vida para descobrir.

— E que muita gente nunca vai saber.

— O que mostra como Deus o ama. Está lhe dando uma

oportunidade para passar o restante da sua vida em comunicação com ele.

— Falta muito ainda para eu aprender? — perguntou o jovem, constrangido.

— Podemos terminar hoje esta parte inicial. Se voltar na próxima semana, já será com uma nova vivência, podendo atingir um patamar mais elevado. Você está trocando de pele como um animal. Dói um pouco, mas a pele nova o fará sentir-se melhor.

— Espero que sim! E que as minhas dúvidas sejam sanadas!

— Assim sendo, voltemos ao que falávamos ontem. Falávamos do capital inicial que o Pai dá a cada ser humano no seu nascimento. Façamos uma analogia com uma semente de carvalho. Dentro de si, a semente contém todos os recursos físicos necessários para produzir uma árvore centenas de vezes maior do que ela mesma. Mas, se não encontrar uma terra adubada e não receber água suficiente, não poderá desenvolver o seu potencial. Assim também o ser humano. Para desenvolver seu capital intelectual, precisa estudar e pesquisar, analisar o meio ambiente onde vive, observar os fenômenos físicos, químicos e biológicos. Para desenvolver o capital emocional precisa ter experiências emocionais: precisa chorar, sorrir, dar gargalhadas, sentir saudades, ter medo. O capital espiritual também precisa ser desenvolvido para poder ser utilizado.

— Como isso pode ser feito?

— Vou lhe explicar. Durante o crescimento de uma criança, a

família provê as informações intelectuais e experiências emocionais que constituirão a base da personalidade deste ser durante toda a sua vida, por isso é tão importante no desenvolvimento do ser humano. Cada família possui internamente reservas dos capitais intelectual, emocional e espiritual, além disso, faz as opções de escolas e companhias adequadas que complementarão o aprendizado do lar. Essas informações intelectuais, emocionais e espirituais constituirão a psiquê de um ser humano único, diferenciado de todos os outros bilhões do planeta, no presente, no passado e no futuro.

— O que acontece no caso do capital espiritual?

— Por ser intangível, o capital espiritual exige um comprometimento maior do indivíduo, a família apenas não tem como avaliar o seu desenvolvimento. A família pode dar o exemplo, ensinar e incentivar, mas depende de cada pessoa querer ou não desenvolvê-lo, o que só pode ser feito através da comunicação com Deus. Deus espera sempre, deseja sempre, acredita sempre que cada filho seu estabelecerá esta comunicação, mas não obriga ninguém a fazê-lo.

— Qual é o papel das religiões?

— Já vimos que é função das religiões auxiliar o homem na comunicação com Deus. Todas as religiões existentes no mundo ocupam-se em refazer a ligação do ser humano com Deus. Todas. Mas aí entra a liberdade individual de cada um. Mesmo que os pais sejam "conectados" em uma religião, tenham levado os filhos para as cerimônias religiosas desde a mais tenra idade, cada filho tem o direito de escolha sobre a forma de comunicação com Deus. Ou então, simplesmente ignorar suas aptidões espirituais. A fé é uma escolha pessoal.

— Agora entendi. Está a cargo de cada ser humano estabelecer a comunicação com Deus e assim obter o capital espiritual.

— Certo. Deus é quem provê o capital espiritual, mas o homem precisa estar aberto para recebê-lo. Assim como é possível surgir uma pessoa riquíssima espiritualmente no seio de uma família com baixo capital espiritual, uma família religiosa pode não conseguir transmitir seus valores espirituais por falta de receptividade.

O jovem lembrou-se do seu velho pai, um judeu praticante, que nunca perdeu uma comemoração de Pessach[33] e Rosh Hashaná[34], mas que, por ser casado com uma cristã, teve a generosidade de não forçar seu filho a seguir sua própria religião.

— Sim, é verdade.

— Uma pessoa pode ter origem muçulmana e optar por fazer essa ligação dentro do cristianismo. Ou uma família judaica pode ver seu filho se tornar ateu.

— Qual é a melhor religião? — após emitir a pergunta, o jovem sentiu-se constrangido. Evidentemente o frade diria que é a religião católica. Mas surpreendeu-se com a resposta.

— São várias as portas para o universo espiritual Temos que respeitar todas. Eu, que sou monge católico, tenho um olhar

---

[33] "Pessach": Páscoa judaica ou Festa da Libertação, que celebra a fuga dos hebreus da escravidão no Egito no ano aproximado de 1280 a.C

[34] "Rosh Hashaná": Ano novo judaico, o nome é atribuído pela tradição rabínica ao dia da concepção do mundo.

respeitoso para as outras religiões, especialmente para o judaismo. É uma religião tão antiga e foi a primeira que teve a percepção de um Deus eterno, onipotente, onisciente e onipresente e ainda assim tão próximo do ser humano carente e pecador. Os salmos de Davi são maravilhosos. Falam de um Deus poderoso e misericordioso, que castiga porque é justo e cuida do seu povo eleito como um pastor cuida das suas ovelhas. O povo judaico aprendeu a usar o capital espiritual em toda a sua plenitude, colocando-se sempre a serviço de Deus. O papa João Paulo II tinha entre seus grandes amigos um rabino.

— Meu pai me deixou à vontade no assunto "religião". Nem mesmo fui obrigado a fazer o *Bar Mitzva*. Minha mãe era católica, eu a via rezando sempre ajoelhada mas, por respeito a meu pai, não me ensinou sua fé. Acabei não optando por religião alguma, mas agora vejo que preciso estabelecer esse contato com Deus, nem que seja por mim mesmo.

— A religião e a família judaica estão muito próximas do cristianismo. Os hebreus descobriram ao longo da sua história que o Altíssimo, o Deus único, Criador do universo, os ama ternamente. Diferem do cristianismo porque creem que Deus é o Senhor e Abraão é o Pai. Ao encontrar esta opinião dominante, Cristo fez a proposta que acabou por dividir o judaísmo: colocou a paternidade divina no centro de sua mensagem. Dizendo que os homens são "filhos de Deus", por terem o mesmo Pai, tornou-os todos irmãos. Acabou confrontando-se com algumas correntes ortodoxas judaicas, embora não houvesse planejado um rompimento com a fé tradicional, mas sim uma evolução. Por esta razão podemos dizer que o judaísmo e o cristianismo têm exatamente os mesmos fundamentos históricos e familiares, as mesmas bases e o mesmo conceito de um Deus único e provedor, que se relaciona com suas criaturas.

— Menos mal. Fica mais fácil para mim entender o casamento dos meus pais.

— Mesmo porque o amor não conhece barreiras de credos, raças, situação econômica ou social. O amor é a pura essência de Deus inserida no homem. Por Deus, todos os homens na face da terra deveriam amar-se e apoiar-se.

— É uma pena que ainda hoje aconteçam lutas fratricidas entre povos em defesa dos seus credos. A História contém relatos de incontáveis guerras em nome de Deus. O que deveria unir, acaba por fracionar.

— Se formos um pouco mais além, vemos a mesma filosofia teológica também nas raízes do islamismo. Maomé não pregava a guerra e sim a paz. Há indícios de que o próprio Corão tenha sido escrito a partir de Evangelhos apócrifos da Síria. O povo muçulmano vive conectado, rezando quatro vezes por dia. Alá é o centro das suas vidas e parceiro nos seus negócios. São bastante conectados ao capital espiritual.

— As religiões são o único caminho para acessar o capital espiritual? — perguntou o jovem.

— Ter uma religião não é indispensável, mas facilita o caminho. A parte mais importante é a adesão pessoal e o desejo sincero de se comunicar com Deus, como já falamos.

— Suponhamos que uma pessoa queira estabelecer a comunicação com Deus, mas não tenha sido criado em nenhuma religião, como isto será possível?

— Há períodos na vida em que o acesso aos recursos espirituais se torna mais fácil. Deus, em sua infinita sabedoria, colocou no ser humano alguns "botões de alarme", que, quando ativados, estabelecem uma conexão direta. Por exemplo: quando um ser muito querido deixa este mundo a dor da perda cria um caminho único para o Pai, por onde flui a energia espiritual necessária para suportar a dor da ausência. É comum as pessoas se tornarem religiosas após passarem por situações extremas.

— Já passei uma situação extrema quando perdi minha mãe e não tinha o apoio de uma religião — disse o jovem emocionado com a lembrança de sua mãe. — foi bem difícil.

— Não é só na tristeza que ocorre esta ligação automática. Há outras situações que favorecem uma ligação espiritual direta, como por exemplo, durante a gestação. Aí vemos, mais uma vez, a presença de Deus junto a quem está realizando um projeto, nesse caso, a construção de uma vida humana. Durante a gestação a mulher adquire características únicas, em que a intuição se eleva e o conhecimento dos mistérios da espécie flui sutilmente por um fio condutor, aumentando sua força, coragem e visão do futuro. Mesmo que não tenha consciência disso, durante a gestação a mãe está permanentemente "conectada" com Deus, a fonte de onde provém toda a energia espiritual. Ao pai da criança também é facultada essa ligação direta, desde que se envolva na gestação do seu filho.

Uma maçã caiu da árvore. Frei Mateus apanhou a fruta e, retirando uma faquinha do bolso, cortou-a em duas metades oferecendo uma delas ao seu amigo. Levantaram-se e se dirigiram ao caminho que levava à estrada da subida. O jovem pensava nas descobertas científicas que ocorreram quase por milagre, após grandes esforços dos cientistas. A dedicação total ao projeto havia aberto uma canal de comunicação entre o pesquisador e Deus.

— Comigo acontece uma coincidência muito interessante. Quando penso muito em uma coisa, ou seja, quando desejo muito realizar algo, acabo conseguindo.

— Não é coincidência. Você está estabelecendo uma conexão espiritual.

— Eu? Nunca soube disso. Era instintivo.

— Deus colocou no coração de cada pessoa esse desejo de se conectar. Enfim ele é aquele Pai com recursos ilimitados, que acredita em você, que sabe aonde você quer chegar e que vai ao seu lado para apoiá-lo quando preciso e no que for preciso. Desde que você esteja fazendo algo bom para si e para as outras pessoas.

— Frade, sei que esta história de "capital espiritual" e "conexão espiritual" são analogias que o senhor faz com os termos da Economia. Qual é o nome que recebem de uma pessoa comum?

— Uma pequena palavra: "Fé".

— Como o senhor a define?

— A Fé? É um confiança partilhada. É uma entrega total

ao Pai, acreditando cegamente no amor de Deus. Entrega da sua vida, da vida dos seus entes queridos, do seu trabalho, dos seus projetos. A fé contrata uma relação entre Deus e nós. É uma adesão a Deus que encontra a sua fonte no que Deus faz para o homem: ele ama primeiro. E esse amor é revelado em obras, em tudo o que ele faz por nós. É, portanto, por sua ação que nós aprendemos a conhecê-lo, a amá-lo e a acreditar nele. Deus é o princípio da fé.

— É um dom, algo que se recebe de Deus e não depende de nós?

— Deus atua primeiro, mas o homem tem autonomia para aceitar ou não. A fé é misteriosa, alguns a recebem instantaneamente, outros lutam para encontrá-la e alguns estão se esforçando para mantê-la. A cada um o Senhor se propõe, "ele bate na porta de cada coração", "ele se revela", "ele se deixa encontrar". Todos estão convidados a confiar nele, a encontrar os fundamentos para a fé, a assumir seus hábitos, como uma criança amorosa faz com seu próprio pai.

— Também nas relações humanas, quem ama confia, acredita e segue. Com que palavras podemos nos dirigir a Deus?

— Cada filho sabe como se dirigir ao seu pai. Pode chamá-lo de Senhor ou de Paizinho, pode até chamá-lo de Mãe, não faz diferença o nome que lhe der, o importante é que haja Fé na mente e amor no coração.

— Assim é bem mais fácil...

— Muito mais fácil. Este é o centro da mensagem de Cristo. Um Deus que é Pai. E com isso terminamos a nossa conversa por hoje. Você precisa tempo para pensar e para descansar. Descanse no fim de semana e se ainda estiver por aqui, volte na segunda-feira.

— *I will come. Thank you very much, my dear Friar. Have a nice weekend!*[35]

— *Same to you, my son!*[36]

---

35 Tradução do inglês: "Eu virei. Muitíssimo obrigado, meu caro frei Mateus, tenha um bom fim de semana!"
36 Tradução do inglês: "O mesmo para você, meu filho!"

Sorvete italiano

Sorvete italiano

MANHÃ DE DOMINGO. Sentindo-se bem disposto, o jovem pegou a mochila e saiu em direção à estação. Em uma hora e quarenta minutos um trem o deixaria em Pisa, cidade litorânea próxima à Florença.

O verão se aproximava. O sol, cada vez mais forte, transformava em pequenos espelhos as gotas e poças d' água por onde passava, enquanto os gerânios vermelhos e rosa se exibiam pendurados nas janelas. Nas ruas mais estreitas, senhoras gorduchas estendiam roupas nos varais externos, um costume bem italiano. A Itália não seria a mesma sem aqueles varais mostrando as roupas pessoais dos moradores e os gerânios das janelas.

Chegando à estação comprou um bilhete de ida e volta e conseguiu um lugar na janela. O trem partiu logo e a bela paisagem da Toscana surgiu à sua frente. Montanhas amareladas se sucediam emolduradas pelos ciprestes altos e finos, aqui um jardim florido, ali um vinhedo carregado de cachos azulados de uvas. Meninas alegres e rapazes sorridentes percorriam a estrada com traje de missa, compromisso dominical de noventa por cento dos italianos campesinos.

Pouco tempo depois, avistou a cidade de Lucca cercada pelas muralhas sobre as quais as pessoas passeavam. Era uma bela cidade medieval e seus muros foram feitos tão largos que havia uma passarela de cinco metros no interior. O jovem pensou nos milhões de pessoas que já havia passado por aqueles muros, desde a sua construção. E quantos ainda passariam. As pessoas vinham e iam, enquanto os muros ficavam, permanecendo ali humildemente para serem pisados por outros figurantes.

Pensou no por que disso. Também as pessoas chegam e passam pelas diversas fases da vida e se vão, sem que a essência dessas fases mude um milímetro. As pessoas vêm e vão, mas a infância, a juventude, a maturidade e a velhice continuam sempre a existir. A vida permanece, como estas muralhas. Algumas pessoas se eternizam pelas obras que deixam na memória da civilização. Outras passam despercebidas e quando se vão, nada fica. Não, reagiu instintivamente, isso não é verdade. Deus não cria um ser humano desnecessário, todos fazem parte dos seus planos, ou melhor, dos seus projetos, como diria o frade.

O trem chegou a Pisa. É uma cidade pequena, como muitas outras italianas. Pavimentação de pedrinhas, casas em tons de cinza, amarelo, ocre ou terracota, a maioria com trepadeiras de flores. Após sair da estação o jovem fez um pequeno reconhecimento caminhando pelas ruas sem seguir o guia que levava no bolso. Nunca havia sentido tanta serenidade na vida. Já nem se lembrava mais do estresse que vivia em Nova York. Havia se esquecido das noites mal dormidas esperando a Bolsa fechar em Tóquio ou Londres, do medo que sentia quando fazia alguma operação mais arriscada. Tudo isso estava já em outra dimensão, em outro espaço.

Ali tudo era paz. A vida resplandecia naquele país de sonho, onde a comida é saborosa, os vinhos são excelentes e as pessoas estão sempre alegres. Sem contar a cultura, a história, a música e as artes em todas as categorias. O jovem dobrou uma esquina e *Oh, My God*! À sua frente estava a Torre de Pisa, o símbolo mais conhecido da Itália. Que linda!

Sorvete italiano

A pequena e linda torre de Pisa! Como as cidades históricas italianas: pequenas e lindas. Como algumas jovens mulheres italianas que vira nos restaurantes: pequenas e lindas. Tudo neste país parecia ser pequeno e lindo. Bem, talvez porque, para um americano acostumado às mega-torres, aos mega-lagos, às mega-sequoias, aos mega-hambúrgueres, tudo na Itália parecia assim pequeno. Mas tudo era lindo e encantador, como numa história para crianças.

Após fotografar a torre sob todos os ângulos, inclusive o preferido dos turistas, tentando ampará-la com suas mãos, resolveu visitar a catedral. A pequena torre era parte da catedral, por isso era pequena. Ninguém começou a construir a torre de Pisa para ser um ponto turístico italiano nem a fez propositalmente torta. No início, era uma torre de igreja como outras, mas o solo instável foi inclinando-a, inclinando até que, no século XX, projetos de engenharia refizeram a base para deter o abaulamento antes que a torre caísse. Já podia contar esta história aos seus amigos na América.

Ao entrar, percebeu que a catedral estava quase vazia, mas um som vibrante de órgão preenchia o ambiente. O contraste entre o calor de fora e o frescor de dentro o fez sentir-se confortável. Sentou-se e ficou ouvindo a melodia, enquanto admirava os afrescos nas paredes e os detalhes do teto. Olhou cada imagem à distância e encantou-se com um afresco, em que uma mulher segurava uma criança ao colo. Em algum recôndito escaninho da memória lembrou-se de sua mãe lhe dizendo que esta era a Mãe de Deus.

Enquanto ouvia o som do órgão e, analisava item por item as obras de arte da catedral, percebeu que naquela igreja imensa havia menos de dez pessoas. Enquanto lá fora a praça estava lotada de turistas, na catedral mesmo, havia poucas pessoas. Não entendeu bem por que estas se preocupavam mais com a torre, ponto turístico, do que com a igreja ou seja, o próprio Deus, que era a razão da existência da torre. Frade deveria divulgar mais seus conceitos sobre a importância da ajuda de Deus nas atividades da vida. As igrejas iriam lotar.

No banco à sua frente, sentou-se uma jovem vestida com jeans e uma túnica branca. Devia ser uma turista como ele, pois carregava uma mochila pesada que colocou no banco, para que pudesse ajoelhar e rezar. Terminada a oração sentou-se e, virando-se para trás, perguntou num inglês perfeito:

— Sabe se haverá missa agora? Disseram-me que durante a missa haverá um concerto de órgão.

— Não sei, mas também gostaria de saber.

— Posso perguntar — disse a jovem. — Vou até a sacristia.

— Boa ideia. Ouvi uma parte do ensaio e gostaria de ouvir o recital todo.

Os jovens dirigiram-se ao altar, onde havia uma pequena porta para o interior da sacristia. Lá também se encontravam belas pinturas sagradas. Aguardaram um pouco em silencio e surgiu um padre. O jovem perguntou em italiano:

— O senhor poderia nos informar se haverá missa agora?

— Não, a missa será às doze horas com concerto de órgão. É bom chegar cedo porque a missa de domingo preenche toda a catedral. Uma hora antes se inicia a confissão.

— Eu estava ouvindo o ensaio do concerto — explicou o jovem ao padre.

— Sou o organista.

— Bravo! Bravíssimo! — disseram os jovens. — Vamos voltar para assistir novamente.

— Vocês são de onde?

— Irlanda, Dublin — respondeu a jovem.

— Estados Unidos, Nova York.

— Vocês vão gostar da missa, mas não cheguem atrasados!

Os jovens saíram da catedral juntos e ao chegar ao sol escaldante, a jovem pegou uma garrafinha na bolsa. Balançou-a e descobriu que estava vazia.

— *Oh my God*! Minha água acabou! Não posso viver sem água neste país. Com esse calor e esse sol, só mesmo bebendo uns cinco litros de água por dia.

— Eu também estou com sede — disse o jovem. — Na vinda para cá, passei por uma sorveteria. Você pode abastecer sua garrafinha enquanto tomamos um *gelato* para esperar o concerto, digo, a missa.

— Quem recusa *un vero gelato italiano*?[37] — disse a jovem sorrindo e olhando-o de frente pela primeira vez.

Olhos translúcidos. Ele nunca vira algo igual. Já havia visto olhos de todas as cores, mas nunca encontrara alguém que tivesse olhos translúcidos. Uma janela para a alma. Quase uma

---

37 Tradução do italiano: "Um verdadeiro sorvete italiano"

porta de entrada para um coração. Aquele olhar o fulminou.

— É sua primeira vez na Itália? — perguntou a jovem enquanto caminhavam.

— Sim, primeira. E você? — respondeu o rapaz readquirindo o controle.

— Não, venho desde criança. Meus pais fazem peregrinação a Roma a cada dois anos.

— Devem ser muito religiosos.

— Como quase todos os irlandeses. E você, é católico também?

— Sim, digo, não, meus pais tinham religiões diferentes, pai judeu e mãe católica. Deixaram que eu fizesse a minha própria opção quando crescesse. Ainda não me decidi.

— Entendo. É uma opção difícil.

— Você sempre teve certeza que queria ser católica?

— Nunca pensei em não ser. Me faltaria o ar para viver. Deus está no centro da minha vida. Mas, você disse que estava esperando pela missa....

— Na semana passada assisti a uma missa com canto gregoriano e gostei muito. Além disso, antes da sua chegada, ouvi parte do ensaio do concerto. Gostei tanto que desejo ouví-lo completo.

— Nós irlandeses também apreciamos muito a música. Os povos que nos originaram, os celtas, eram extremamente místicos e musicais.

— Admiro a música celta. Consegue reunir a aventura e o misticismo. É mágica.

— Você trabalha ligado à música?

— Não — respondeu o jovem sorrindo — antes fosse. Uso a música para me relaxar quando o trabalho está muito estressante. Quando posso, ligo o som e coloco fones de ouvido para não incomodar as pessoas que trabalham próximas a mim. E você, trabalha com música?

— Não trabalho ainda, estou na universidade. Faço faculdade de design. Estudo artes, música, história e mais uma quantidade de disciplinas que permitem desenvolver projetos inovadores.

— Projetos???? — Perguntou o jovem sorrindo.

— Sim, projetos. O que há de engraçado nisso?

Enquanto conversavam, chegaram à sorveteria. Escolheram uma mesinha, onde colocaram as mochilas e foram ao balcão repleto dos mais variados sabores de sorvete.

Una bottiglia grande di acqua per favore![38] — A jovem sorveu sofregamente alguns goles, sentou-se à mesa e despejou o conteúdo restante na garrafinha. — Ah! Que delícia! Nada tão saboroso e tão saudável quanto a água! Vocês americanos preferem refrigerantes, certo?

— É verdade! Mas já estamos evoluindo. Os mais jovens não são tão fanáticos como os mais velhos. Já se sabe que não fazem bem à saúde, as campanhas pela Internet assustam a todos. E que sabor de sorvete você prefere?

— Ah, vejamos. *"Frutti del bosco con chioccolato!"*[39] E você vai pedir qual?

---

38 Tradução do italiano: "Uma garrafa grande de água, por favor!"
39 Tradução do italiano: "Frutas do bosque com chocolate"

— O mesmo de sempre: *"Pistacchio con nocciola!"*[40]

A moça abriu a bolsa retirando alguns euros. O jovem fez com a mão um sinal para parar e disse sorrindo:

— Será que uma irlandesa católica permite que um ianque sem religião lhe ofereça um sorvete?

— *Piacere*![41] — respondeu a jovem irlandesa retornando a carteira para a bolsa.

— *Il piacere è mio!*

— Você fala bem o italiano – comentou a jovem

— Um pouco. Estou há dois meses na Itália e já aprendi as palavras mais importantes, ao menos as que se referem à comida, bebida, hospedagem e transporte.

— Está melhor do que eu... ainda não consegui estudar como gostaria.

— Vai ficar o tempo necessário para aprender italiano?

— Retorno a Dublin com meus pais em duas semanas. Estão num evento em Roma, logo nos encontraremos. Mas antes vou à Florença. Tenho que fazer algumas fotos do Uffizi[42] para minha monografia.

— Você gosta de história? — perguntou o jovem.

— História da arte é indispensável para o meu estudo.

— Também gosto de história, embora me interesse mais

---

40 Tradução do italiano: "Pistache com avelãs"
41 Tradução do italiano: "Com prazer"
42 A Galleria degli Uffizi (em português, Galeria dos Ofícios), é um palácio situado em Florença, Itália, que abriga um dos mais famosos museus do mundo. Funcionava como escola de artes desde o século XIII e possui acervos de pintura e escultura pré, e pós-Renascimento, além de valiosas obras dos mestres do Renascimento.

pela parte referente à política e à economia. Gosto de saber como os povos se organizaram e criaram seus sistemas de comércio — o jovem direcionou a conversa para um assunto que lhe fosse favorável.

— Economia não é o meu forte, muito pelo contrário. Prefiro estudos mais *lights*, como artes e música. Por isso vou ao Uffizi, onde encontrarei tudo o que preciso.

— Se você procura história e artes está no lugar certo! A Itália recebe quarenta milhões de turistas por ano. Sendo o berço da civilização ocidental, acaba atendendo tanto aos que estudam artes, quanto os que pesquisam outras ciências. Até a política tem raízes na Itália, depois da Grécia, Florença foi a primeira república democrática do Ocidente.

— É por esse motivo que surgiram tantos talentos nas letras, nas artes, na música... Onde há liberdade de expressão, há mais espaço para a criatividade.

— Você gosta de música italiana? Prefere a contemporânea ou a tradicional?

— Ambas. Gosto tanto de Andrea Bocelli como das óperas de Puccini. Sem esquecer as tradicionais que tem a sabor de Itália como Funiculì Funiculà. Esta música parece que tem gosto de pizza.

— E tem mesmo. Foi composta em 1880 para celebrar a abertura do primeiro bonde ou funicular que subia ao Monte Vesúvio. Foi composta em dialeto napolitano. Em Napoli, a terra da pizza.

— Estou vendo que você é bom em história...

— Médio... — respondeu o jovem, demonstrando modéstia. Presto atenção nas explicações dos guias. Mas também gosto muito de música. Desde que cheguei à Itália tenho assistido a pelo menos uma ópera por semana. Tenho tido sorte que sempre há boas opções nas cidades que visitei.

Os sorvetes estavam deliciosos. A fabricação artesanal de cada sorvete é, para os italianos, como a elaboração de uma obra de arte. A irlandesa retomou a conversa.

— Estou ansiosa para ir a Florença. A cidade respira cultura sob todos os pontos de vista. Sabia que no Palácio Pitti há uma exposição permanente de moda com dezenas de vestimentas dos séculos passados?

— Não conheci ainda, mas estou gostando muito de Florença. Como estou hospedado numa pequena pousada, consigo aproveitar o máximo da cultura local. Quando viajo, fujo das redes de hotéis americanos para conhecer o modo de vida da população do lugar. Acredito até que podemos nos encontrar de novo por lá. Você vai ficar onde?

— Num convento de irmãs. Há muitos conventos na Itália que foram transformados em hospedarias.

— Eu sei. É bom para os turistas, que conhecem antigas construções, e para as religiosas, que obtêm recursos para sua manutenção.

— Acho que já está na hora de ir.

— Mas ainda falta uma hora para o meio-dia.

— Não posso perder a confissão.

— Confissão? O que é?

— Não sabe o que é confissão?

— Desculpe, não sei. É algo particular ou um evento religioso?

— Um pouco de cada coisa. Mas é difícil explicar. O estudo da religião leva vários anos. É mais complicado quando não é iniciado na família. Desculpe, tenho mesmo que ir, como hoje é domingo, deve haver uma fila grande. E esperar pela confissão é entediante para quem não é católico. Tome mais um sorvete que ainda há tempo para o seu concerto de órgão.

— Mas — disse o jovem apreensivo — você pode me deixar seu e-mail?

— Quando a missa terminar, nos encontramos e trocamos os e-mails. Obrigada pelo sorvete! *Bye! Arrivederci*[43]!

A jovem saiu saltitando pela rua para andar mais rápido, deixando seu interlocutor surpreso. Parecia ter havido algum curto-circuito na conversa que estava indo tão bem. Será que ela era xenófoba e se assustou ao saber que ele não tinha religião? "Deus está no centro da minha vida. Sem Deus me faltaria o ar para viver". Será que a confissão era uma atividade tão importante assim que ela não poderia ficar mais dez minutos e encerrar a conversa?

Pensando em quanto ignorava a cultura religiosa, sentiu-se como um troglodita na cidade grande. "Confissão" deveria ser algo tão banal na religião católica como "ações" no mercado financeiro. E ele não sabia de que se tratava. Ele não sabia nada do cristianismo ou de qualquer outra religião. Por que não in-

---

43 Tradução do italiano: "Até a vista"

vestira pelo menos algum tempo da sua vida lendo sobre as religiões? O que sabia do islamismo além do nome de Maomé e da discriminação feminina, assunto permanente dos jornais? O que sabia do cristianismo além da história de uma criança gerada por Deus? Teria sido esta a razão da saída intempestiva da irlandesinha?

Sentindo-se reprovado como numa entrevista de trabalho, tomou outro sorvete e conectou-se a seu capital intelectual, o qual, felizmente, era bem desenvolvido. "Sou jovem ainda, tenho tempo para estudar e vou aprender alguma coisa para sair desta pré-história religiosa em que vivo". E quanto à jovem dos olhos translúcidos, ele a encontraria após a missa.

Retornando dez minutos antes do início da missa, encontrou a catedral cheia, lotada, desmentindo tudo o que pensara sobre a ausência de fiéis nos cultos católicos. Ninguém queria perder a missa dominical e, além disso, havia turistas que, como ele, ali estavam para assistir ao concerto de órgão. Ao término da missa, ficou em frente à mesma porta por onde havia saído da primeira vez, olhando ansiosamente para cada pessoa que saía. A igreja se esvaziou, e ele não conseguiu encontrar a jovem irlandesa. Voltou à sorveteria e depois à catedral. Nada. A jovem havia se evaporado como num sonho.

Voltou para Florença desolado. Onde estava aquela linda paisagem da Toscana, vista das janelas do trem? Restava no seu coração apenas o sentimento amargo de quem por alguns minutos abrira uma fresta para o paraíso.

Decidiu ir ao Uffizi na tarde do dia seguinte, pois pela manhã iria ao Monte Campanário. Precisava conversar com o monge. Passaria, se preciso fosse, os dias inteiros no Uffizi, à espera daquela visão de anjo que ele tivera em Pisa.

O primeiro contato

SEGUNDA-FEIRA. O JOVEM ACORDOU mais tarde após uma noite mal dormida, repleta de sonhos. Apressou-se e chegou no mosteiro no final do turno do seu amigo na cafeteria.

— Meu jovem — saudou o monge —, pensei que você não viesse!

— Eu não poderia, frei Mateus, havia combinado com o Senhor!

— Bom caráter! E como foi o fim de semana?

— Nem tão ruim, nem tão bom — o jovem suspirou involuntariamente. — Coisas do coração. Normal.

— Compreendo. Bonita?

— Belíssima. Os olhos mais lindos que eu já vi na vida. Olhos translúcidos. Um anjo sem asas.

— Quando você fala em olhos, fala em alma, porque os olhos são a janela da alma. Por eles se sabe o que a pessoa pensa. Mas qual foi o problema? — inquiriu o monge.

— Despareceu sem deixar vestígios. Penso que se assustou porque não sou católico como ela.

— Não creio que ainda exista este tipo de discriminação nos católicos. De onde ela é?

— Dublin. Falou-me em "confissão" e eu não sabia o que era. Ela simplesmente desapareceu.

— Entendi. Irlandeses são católicos ao extremo. Mas não deve ter sido este o motivo, comentou frei Mateus.

— Procurei-a na missa e não a encontrei. Fiquei uma hora na porta da igreja após o término da cerimônia e ela não apareceu. O senhor acha isto possível? Fazendo uma comparação:

uma jovem judia rejeitaria uma amizade porque a outra pessoa nunca leu a Torá?

— Nem se fosse filha de um rabino! Mas talvez o seu "anjo de olhos translúcidos" só estivesse com pressa. De qualquer forma vamos pedir a Deus que a veja novamente.

— Como faço para "pedir a Deus"?

— Esta é uma ótima oportunidade para você fazer um contato e começar a comunicar-se com Deus. Não é ainda um grande projeto de vida, mas é um pedido. Lembra-se que os recursos espirituais podem ser também acessados para resolver situações difíceis, eliminar sofrimentos e doenças, resolver problemas de relacionamento?

— Sim. Mas ainda não sei como começar.

— Faremos juntos. Estarei ao seu lado. Agora vamos respirar um pouco do ar fresco da montanha.

Saíram da cantina e desceram pela estradinha lateral que conduzia aos vinhedos. No caminho tomaram um atalho que passava por um bosque de árvores altas, por onde a luz do sol filtrava raios coloridos. No chão cresciam várias qualidades de cogumelos. O monge explicou:

— No outono colhemos cogumelos, os secamos e armazenamos por todo o inverno. O Pai sempre nos provê o alimento que precisamos.

— Estou percebendo que sim! Minha mãe gostava muito de *Fettuccine ai funghi porcini*[44].

---

44 "Fettuccine ai funghi porcini": Massa de macarrão cortada em tiras grossas ao molho de cogumelos tipo "porcini", um prato típico em toda a Itália

— Há quanto tempo perdeu sua mãe?

— Há quase quinze anos. Eu era um garoto de quatorze anos, entrando na Escola Média quando ela teve um câncer fulminante e faleceu em seis meses. Meu pai casou-se de novo e eu morei com eles até que fui para a universidade. Após a Graduação, fui morar no apartamento que minha mãe me deixou em Nova York e consegui um trabalho num banco de investimentos.

— Você nunca mais se comunicou com a sua mãe?

— Não, claro que não!

— Eu não estou dizendo "falar", uma ação física, mas "comunicar-se", uma ação mental. Isto é, lembrar-se dela com amor, olhar suas fotos e enviar mensagens de admiração e reconhecimento pela mãe que ela foi.

— Infelizmente não. Não sabia que existe esse tipo de comunicação.

— Você só acredita no que vê?

— Mais ou menos. Sou um pouco cético quanto a tudo que escapa à matéria, que não pode ser visto. Por isso a minha dificuldade com as religiões.

— Você também não acredita nas ondas de rádio, de telecomunicações, nos GPS que recebem dados de satélites artificiais sob a forma de ondas invisíveis?

O jovem sorriu e o monge sorriu também. Havia conseguido pegá-lo numa armadilha.

— E o amor? — prosseguiu o monge. — Você já "viu" o amor?

— Ver, não, mas sentir, sim!

— Falemos da comunicação. Você acha que só pode acontecer através de palavras ou sons?

— Bem, às vezes sentimos no coração um tipo de mensagem que ainda não foi expressa pela boca nem captada pelos ouvidos.

— Ótimo! Então há coisas que não vemos, nem possuem matéria, mas existem e podem transformar a nossa vida.

— Com certeza sim!

— Então, filho, agora só me falta saber se você acredita que existe vida após a morte.

— Ninguém conseguiu provar que existe.

— Tampouco alguém provou que não existe. Estamos num impasse.

Silêncio total. Nem um nem outro falaram por alguns minutos. Existiria alguma dúvida humana maior do que esta? Mais uma para a lista das perguntas não respondidas. A lista que só crescia. O jovem resolveu quebrar o silêncio.

— Então, frei Mateus, o que o senhor tem a me dizer sobre isso? Estou disposto a ouvi-lo.

— Vamos considerar que existem duas linhas de pensamento filosófico: a que só acredita no que pode ser provado e a que acredita em alguma coisa, sem precisar de provas, enquanto não se provar o contrário. A primeira é a filosofia chamada "socrática", que questiona tudo, a segunda é a filosofia dita "piedosa", que acredita no que é o senso comum. É muito comum pensadores matemáticos, como Descartes, agirem segundo a primeira linha de ceticismo, enquanto pensadores religiosos utilizam a segunda linha, a da fé. Agora, eu lhe pergunto: considerando que a verdade absoluta não pode ser obtida, qual é a linha que traz mais conhecimentos e amplia a capacidade humana?

— Esta é uma pergunta difícil. O senhor tem a resposta?

— Sim, tenho. Vou fazer você mesmo concluir. Na primeira linha tudo é questionado até que possa ser provado, certo?

— Sim — respondeu o jovem.

— Então duvida-se da existência de Deus, da vida após a morte, da existência de seres humanos em outros planetas, de seres sobrenaturais, bruxas, duendes, tudo. Quase todo o conhecimento humano adquirido durante milênios é dubitável por não ser comprovado. Ciências experimentais tais como meteorologia, medicina, astronomia, psicologia, sociologia, são questionadas em sua essência porque suas teorias mais básicas não são provadas e dependem de experimentos probabilísticos. Sobram a matemática, a física, a química e poucas outras ciências com comprovação, mesmo assim nestas ciências há partes empíricas ainda não provadas.

— Certo.

— Por outro lado — continuou o monge —, quando damos um "crédito de confiança" a uma teoria não comprovada, considerando apenas a probabilidade de estar correta, criamos as condições para que ela seja provada. Enquanto ela está no "limbo", isto é, enquanto ainda não existe a certeza, muitos estudos são feitos, gerando um conhecimento adicional que será útil para outras teorias e, com sorte, até se consegue comprovar as hipóteses iniciais da própria teoria em questionamento.

— Já entendi: a linha de pensamento filosófico que traz mais conhecimentos e amplia a capacidade humana é a segunda.

— Como queríamos demonstrar! — concluiu o frade. — A primeira linha questiona e duvida do conhecimento empírico, a outra o mantém enquanto não é contestado. Mas é claro, para tudo há bom senso. Não vamos agora acreditar em duendes ou em Papai Noel...

— Mas estas fábulas não são inúteis! Todas as crianças gostam de acreditar em Papai Noel...

— Dentro de limites, algumas informações não comprovadas podem ser agradáveis e tornar as pessoas felizes. Não há por que eliminar a alegria das crianças com as fábulas.

— E sobre a vida após a morte... — lembrou o jovem. Somos mais felizes por acreditar que existe?

— Podemos considerar que existe a vida após a morte, já que é uma unanimidade entre todas as religiões, mesmo não havendo provas concretas. Podemos?

— Ok, frei, fazendo um esforço, podemos considerar.

— Nesse caso, sua mãe está viva, vivendo em alguma outra dimensão, concorda?

— Sim, mas inacessível.

— Inacessível sob o ponto de vista físico e intelectual. As faixas eletromagnéticas do telefone celular não chegam a ela. Entretanto, há outras formas possíveis de comunicação. É isto que eu gostaria de lhe dizer. Mas chegamos onde eu queria levá-lo!

Estavam em uma clareira de onde se via um campo verde cercado por um muro baixo. No interior havia centenas de pequenas cruzes e ao fundo uma pequena capela emoldurada por uma grande cruz. O jovem sentiu um ligeiro tremor no coração. Lembranças tristes surgiram na sua mente.

— Trouxe você a este local porque aqui a paz e o isolamento permitem uma concentração maior. Aqui nos lembramos das pessoas que amamos e que se foram. Aqui nos recolhemos para olhar dentro de nós mesmos e do que gostaríamos de lhes dizer. Aqui o intelecto se ausenta, o emocional se cala o espírito fica livre para atuar e se comunicar.

— É um lugar tão sossegado... — comentou o jovem.

— A falta de estímulos externos melhora a introspecção. O que este local lhe lembra?

— A morte da minha mãe. A saudade que sinto dela. O quanto ela era carinhosa e gentil comigo. Como entendia tudo o que eu sentia, mesmo que não lhe falasse. A sua decepção quando se descobriu doente, por ter que me deixar. Como escondeu as dores da doença, estando sempre de sorriso nos lábios para que eu não sofresse por ela. Outras coisas mais...

— Você sentiu a presença da sua mãe enquanto falava dela? Agora?

Grossas lágrimas escorreram dos olhos do jovem. Balbuciou um sim e o monge disse:

— Fale isso com ela. Há quanto tempo ela espera que você lhe diga isso!

Enquanto o monge se afastava caminhando entre as cruzes, o jovem sentiu as pernas balançarem e procurou um banco para sentar. Instintivamente deslocou-se para um dos lados, como se quisesse deixar no banco espaço livre para mais alguém. Aos poucos foi sentindo um calor envolver todo o seu corpo, como se fosse ainda uma criança que a mãe estivesse enrolando no cobertor numa noite gelada de inverno. Lembrou-se das histórias que a mãe lhe contava, histórias da Bíblia, como "A arca de Noé", "O nascimento de Moisés", histórias de aventuras, como *Robinson Crusoé*, *Tom Sawyer*. Sentiu-se ouvindo-as novamente, em cada detalhe. E sentiu em sua boca o sabor das panquecas com geleia e manteiga de amendoim que comia todas as manhãs. As lágrimas continuavam escorrendo e ele sentiu vontade de dar as mãos à sua mãe como fazia quando era pequeno, todos os dias, no caminho da escola, assim, instintivamente, levou a mão na direção do espaço vazio no banco, tentando segurar de novo aquela mão abençoada. Enfim, em tom perfeitamente audível, disse: "Mamãe, eu a amo! Eu lhe agradeço por tudo o que fez por mim! Eu nada sou e nada seria sem você. Espero que você esteja feliz onde estiver, pois é para aí que eu vou quando morrer." E, neste momento sagrado, ouviu de novo aquela voz macia, cheia de amor, procurando-o pela casa. "Patrick! Onde você está, meu filho? Patrick!"

Patrick era o seu nome. Patrick foi o nome que sua mãe escolheu para ser sua identidade física e emocional. A partir de agora, também sua identidade espiritual.

A voz de sua mãe pronunciando seu nome era tão real como o banco em que Patrick se sentava. Sentiu-se renascer. Sentiu que, a partir daquele momento, havia atravessado um portal de paz e energia em sua vida que o levaria à realização dos seus sonhos mais ousados. Nunca mais sentiria medo porque sabia que sua mãe permanecia viva, em alguma outra dimensão do universo.

"Mãezinha, que saudade! Não há um dia em minha vida que eu não me lembre de você". Sentiu-a respondendo: "Meu filho querido, não há um dia desde que parti deste mundo em que eu deixei de cuidar de você! Estou sempre presente, acompanhando-o e peço a Deus por você a cada dia".

Por mais algum tempo, Patrick continuou relatando baixinho os acontecimentos da sua vida e dizendo à sua mãe em que momentos ela lhe fizera mais falta. Mas agora ele sabia que ela sempre esteve presente. Quase a via concordando com a cabeça porque ela já conhecia toda esta história. Sabia que muitas pessoas boas que encontrara pelo caminho deveriam, de alguma forma, ter sido enviadas por ela. E sorrindo entre as lágrimas, perguntou como é que ela descobriu esse lugar e esse santo monge, se, em sua vida, nunca fora à Itália. Será que nos Estados Unidos...

A pergunta o fez sair do estado de semiconsciência em que se encontrava. Voltando à realidade, Patrick viu o monge do outro lado do cemitério. Estava com as mãos entrecruzadas no peito e a cabeça pendida em sinal de oração, próximo à pequena construção no alto da qual havia uma cruz. Caminhou em sua direção e o monge, ao vê-lo aproximar-se, levantou a cabeça e lhe sorriu, mas, desta vez, não com o sorriso convencional e educado costumeiro. O sorriso continha no olhar uma expressão de serenidade que Patrick jamais vira, como um feixe de luz saindo de um olhar inundado de paz.

— Como você se sente agora? – perguntou gentilmente o monge.

— Como se tivesse sido inundado por uma cachoeira de felicidade.

— Você acabou de fazer o primeiro contato verdadeiro com o mundo espiritual. Pelo que posso constatar, hoje, neste local, aconteceu um milagre, um dos muitos que Deus executa a cada dia, a cada minuto. Agora volte para casa e medite sobre o que aconteceu. Sua mãe ajudou-o a traçar este caminho, a abrir essa porta. A partir de agora será mais fácil falar com Deus. Você sabe que as suas palavras, mesmo não tendo respostas audíveis, estão sendo ouvidas e pode confirmar isto através do conteúdo emocional-espiritual que chega até você. No seu caso, o conteúdo emocional foi muito maior, devido à saudade que sentia de sua mãe. Quando falar com Deus, o conteúdo espiritual será maior.

— E de que consistirá esse conteúdo espiritual?

— De paz, alegria, energia, coragem. Se você estiver com o coração apertado por alguma tristeza, vai receber serenidade. Se estiver preocupado com algum problema, vai receber a solução do problema, se estiver doente, debilitado fisicamente, vai receber saúde, se estiver arrependido por algum erro, vai receber perdão, se estiver na dúvida entre dois caminhos a seguir, vai receber discernimento. Deus vai lhe enviar o recurso espiritual que precisar no momento certo.

— A minha mãe sempre estará neste caminho?

— Nem sempre. Há muitas portas no mundo espiritual. Hoje foi sua mãe quem lhe abriu uma porta. Em outro dia pode ser uma pessoa que ainda vive entre nós, em outro pode ser um Santo.

— O que é um Santo?

— Santos são seres humanos que viveram na terra e se espiritualizaram tanto que ganharam o dom de ser intermediários entre os homens e Deus. E de todos os seres humanos que se santificaram, a mais importante é a própria Mãe de Deus, que a partir da paixão de Cristo tornou-se também nossa mãe. A meu ver, falar com a Mãe de Deus é o caminho mais fácil e rápido para se chegar a Deus.

— E como falar com ela?

— Como você falou com sua mãe. Fale como um filho. Ela é Mãe de Deus e nossa mãe, não precisa ter cerimônia com ela.

Ambos estavam cansados. Experiências como esta, embora não desgastem o físico, consomem grandes energias emocionais e espirituais. O cansaço se abateu sobre eles quando tomaram o caminho de volta.

— Obrigado, frei. Posso voltar amanhã?

— Claro! Mas descanse. A experiência de hoje precisa ser sedimentada, antes que você receba novas informações.

— O senhor não quer que o acompanhe até o mosteiro?

— Não, Patrick, você hoje já se cansou demais.
— *Thank you Friar Matthew. See you tomorrow*!
— *See you tomorrow*!

Enquanto o monge subia devagar a montanha para o convento, Patrick tomou a estrada de volta. Sentia sua mãe tão próxima depois desse primeiro contato, que tinha reflexos de olhar ao lado para ver se ela não estava mesmo ali. E o melhor é que esta sensação da presença dela o energizava, o fazia sentir-se forte, invencível. Nada poderia detê-lo mais na vida. Era como se um campo magnético o tornasse inatingível. E seu coração não sofria mais com a perda do contato com a jovem irlandesa conhecida em Pisa. Sabia que, se fosse para o seu bem, sua mãe, de onde estivesse, o ajudaria a encontrá-la.

No caminho de volta a Florença, lembrou-se de passar no Uffizi. Não encontrou a jovem e, como estava bem literalmente exausto, foi para a pousada e deitou-se para descansar e pensar nos fatos recentes. "Amanhã eu a procuro. Hoje, eu reencontrei a minha mãe. Foi um dos dias mais especiais da minha vida".

Outras conexões

PATRICK ENTREABRIU OS OLHOS e fechou novamente. A imensa sensação de felicidade invadiu seu coração antes mesmo que ele se decidisse a sair da cama. Os fatos do dia anterior inundavam sua mente e ele queria sentir tudo outra vez. Queria ouvir de novo a voz de sua mãe. Queria chorar de alegria novamente.

Enfim levantou-se. A experiência espiritual da véspera o havia fortalecido de tal forma que resolveu dar o seu voo solo. Vestiu-se e caminhou para a igreja mais próxima, situada no centro de Florença, Santa Maria dei Fiore. Passou direto pelas pinturas renascentistas e dirigiu-se ao pequeno altar lateral onde havia uma imagem da mãe de Deus carregando seu filho nos braços. Sentou-se bem próximo e começou a falar baixinho.

"Senhora, nunca tive a chance de rezar, mas, se puder me ouvir um pouco, eu gostaria de dizer-lhe algumas palavras. Minha mãe era católica, rezava em frente à sua imagem, mas meu pai é judeu e combinaram que eu escolheria a minha religião. Não tenho ainda certeza, mas talvez me decida pela religião da minha mãe, a quem eu tanto amava. Antes de me decidir, preciso conhecer um pouco da história da vida do seu Filho. Alguém me disse que a senhora e seu filho eram judeus também, e aqui estou, como um judeu-católico, desejando saber como me aproximar da fé que seu filho pregou. Sei que assim vou agradar à minha mãe e também acredito que serei mais feliz. Queria lhe pedir que me ajudasse a aprender os conceitos mais importantes do cristianismo"

A lembrança da mãe o fez sentí-la próxima novamente. Seu coração continuava mergulhado na mais profunda felicidade. Nunca se sentira assim na vida. Respirou fundo, permitindo que o ar inundasse seus pulmões e prosseguiu:

"Senhora, vou lhe falar de uma jovem que conheci. Estou apaixonado. Sei ainda pouco sobre ela, mas sei que ela será a mulher da minha vida. Ela é católica também. Haveria alguma forma de encontrá-la novamente? Como mãe do filho de Deus a senhora tem acesso a todas as informações do tempo e do espaço, poderia me ajudar nesta busca?"

Patrick lembrou-se das palavras de frei Mateus sobre a incerteza inicial de determinadas teorias até que sejam comprovadas. Como ele podia saber que esta seria a mulher de sua vida? Não podia saber isso ainda, só podia acreditar nesse sentimento. O que ele estava fazendo era ter fé no pressentimento de que aquela jovem de olhos translúcidos seria realmente esta pessoa. Certeza mesmo levaria algum tempo para haver. Mas se ele não acreditasse antes de conseguir a prova, nunca a teria. Como os cientistas que antes acreditam nas teorias e só depois as comprovam. Como a fé, através da qual acreditamos em Deus antes que, em alguns milênios, sua existência seja comprovada. Por isso sabia que a jovem irlandesa seria a mulher de sua vida. Acreditando nisto, ele estava colaborando para que realmente acontecesse.

Entretanto, para que tudo fosse possível, seria necessário encontrá-la o mais rápido possível. Suspirou profundamente e, imitando as pessoas à sua frente, repetiu ajoelhando-se:

"Encontrá-la é muito importante para mim, Senhora. Pode me ajudar?"

Transcorreram mais alguns minutos de silêncio, nos quais pensava em sua própria vida. Olhando novamente a imagem, continuou:

"Há mais uma coisa, Senhora: depois de encontrá-la preciso trabalhar para poder constituir uma família com ela. No momento estou desorientado em relação ao meu trabalho, não sei se volto à mesma atividade de antes. Eu me desgastava muito no que fazia e minha saúde estava prejudicada. Minha mãe não ficaria feliz com isso. Haveria alguma alternativa, alguma outra possibilidade? Desculpe-me se peço tantas coisas num só dia, mas as três coisas são muito importantes neste momento".

Patrick silenciou. Como saberia se a mãe de Deus ouviu suas palavras, entendeu suas necessidades? Quando obteria a resposta? Quanto tempo seria necessário para resolver todas estas questões?

Pessoas entravam na igreja para a missa. Os pedidos estavam feitos, ele podia ir embora. Na saída recebeu um folheto convidando para as palestras da semana. Na quinta-feira haveria uma palestra denominada "Confissão". Já era uma porta aberta para o aprendizado.

Tomou o ônibus para o convento e, ao encontrar frei Mateus, logo contou que passara na igreja onde fizera três pedidos à mãe de Deus. Também mostrou o convite que recebera. O frade sorriu e respondeu:

— Talvez este convite para as palestra já seja um pequeno sinal. Seu primeiro pedido foi "conhecer mais a religião católica". A mãe de Deus e nossa já começou a atendê-lo. Sei que esta vontade de saber o que é a confissão tem mais a ver com a irlandesa do que com seu próprio desejo de integrar-se ao catolicismo, mas Deus tem os seus caminhos para realizar o que pretende. Em breve receberá outros sinais referentes aos pedidos que fez.

Sorrindo, Patrick perguntou:

— O que é exatamente um sinal? Como posso saber que algum evento é um sinal e não um acontecimento qualquer?

— Você sabe em seu coração. Você reconhece a relação entre o evento e um pedido ou inquietação. Na maioria das vezes os sinais surgem sem terem sido pedidos. Um sinal comporta uma realidade, uma realidade inteligível que pode ser interpretada em função de uma verdade mais alta, espiritual. Deus está sempre nos enviando sinais em forma de pequenos acontecimentos, palavras que ouvimos de alguém, situações incomuns, etc.

— Então este convite é um sinal relacionado ao meu desejo de aprender mais sobre o cristianismo.

— Exatamente— disse o monge. — Os sinais são demonstrações de que estamos no caminho certo. Agora basta ter paciência e ir seguindo na direção escolhida. Deus está providenciando o que você pediu.

— São três pedidos diferentes, frei Mateus.

— Poderiam ser dez, cem, os recursos espirituais são ilimitados. O poder de Deus é infinito.

— Sim, mas e se algum dos meus pedidos não estiver "alinhado" com o plano de Deus?

— Você receberá sinais negativos sobre esse pedido. Por exemplo, se Deus souber que sua vida não será feliz com essa jovem, vai lhe enviar sinais negativos sobre esse relacionamento.

— Não creio nisso! — retrucou Patrick com veemência.

— E se o pedido estiver ligado a um projeto ou oportunidade de trabalho?

— Também você receberá sinais positivos ou negativos. Se o projeto for bom, tudo funcionará perfeitamente. Ao contrário, quando a pessoa tenta tudo o que pode e nada dá certo, é melhor pensar em mudar o rumo.

— Então um fracasso é decorrente de uma direção errada? — Perguntou o jovem.

— Há duas hipóteses para o fracasso. Primeira: a pessoa não se dedicava tanto ao seu sonho ou projeto ou não acreditava nele o suficiente a ponto de estabelecer a conexão espiritual e assim trabalhava sem o apoio do "sócio capitalista". Segunda: aquele sonho ou projeto era prejudicial e poderia causar mais transtornos do que benefícios. Deus, que tudo conhece, não poderia participar, não iria apoiar uma empreitada contra a felicidade dos seus filhos.

Patrick pensou nas milhares de pessoas no mundo que se dedicavam à oração naquele dia, naquele mesmo segundo e na serenidade que essas orações traziam a cada um.

— Quando é que sentimos maior necessidade de estabelecer a conexão espiritual?

— Como nas outras conexões da vida — explicou o monge. — Quando precisamos de apoio emocional, procuramos uma pessoa que amamos e em quem confiamos. Se a questão é relativa ao aprendizado, buscamos um curso que pode transmitir o conhecimento desejado. Quando precisamos de recursos financeiros, vamos obtê-los no banco. E, finalmente, conectamo-nos aos recursos espirituais quando sentimos saudade de Deus.

— Saudades de Deus?

— Sim, meu caro. Quando o coração está pequeno, amargurado, vazio, é quando mais precisamos da presença e do contato com Deus. A oração é a forma mais rápida de eliminar tristezas e angústias, porque Deus atende de imediato, é um remédio instantâneo!

— Também ajuda a resolver situações pessoais difíceis, problemas de relacionamento, eliminar sofrimentos e doenças?

— Estas são as suas especialidades — completou o religioso sorrindo.

A resposta o deixou feliz. Todos os seus pedidos possuíam essas características. Deveria haver recursos espirituais sobrando para atendê-lo.

— E se a pessoa demora para pedir o que precisa? — Perguntou Patrick após alguns instantes.

— Há situações em que já se passou do ponto limite entre o natural e o sobrenatural. Algumas pessoas utilizam o capital espiritual como último recurso, isto é, quando já tentaram exaustivamente as outras fontes de capital (emocional, intelectual, financeiro, tecnológico, etc.) e "não há mais o que fazer".

Então se lembram de Deus. Para nossa sorte, Deus não é orgulhoso nem arrogante. Jamais negou um pedido pela razão de ter sido a última alternativa. Quando se atinge este limite, é necessária uma dose muito maior de recursos para recuperar a situação. Deus tem que intervir através de uma ação fora das leis da natureza, isto é, um milagre.

— Milagres são muito raros, creio eu...

— Não são tão raros — observou o frade. — Milagres são acontecimentos sobrenaturais que beneficiam pessoas e acontecem mais frequentemente do que imaginamos. Deus faz milagres principalmente quando alguém está passando por um grande sofrimento como uma perda afetiva, uma doença incurável. Deus não quer ver seus filhos sofrendo, assim, anula temporariamente alguma lei natural, que ele mesmo criou, para atender a um pedido extremo. Um câncer pode ser curado, um acidente trágico pode não causar nenhuma vítima fatal, dentre outros. Milagres acontecem cotidianamente, mesmo que nós não os vejamos.

Patrick silenciou por alguns momentos. Em sua mente vieram algumas imagens do mundo carente, fome, guerras e calamidades. Como Deus poderia cuidar de tudo? Perguntou:

— Se Deus é um ser que passa o tempo cuidando dos seres humanos, deve ser muito difícil a sua vida. Como encontra tempo para tudo?

— Compartilhando suas atividades e permitindo a ajuda dos homens.

— Mas ficar o tempo todo apagando incêndios... Ele não

tem seus próprios projetos?

— Claro que tem! Há infinitos projetos na mente de Deus, alguns dos quais incluem a parceria com seres humanos. Para estes projetos são escolhidas pessoas especiais.

— Como assim? — inquiriu Patrick.

— Imagine que o dono de uma fábrica com centenas de empregados deseja fazer uma pintura decorativa na recepção. Tendo acesso ao profile de cada funcionário, quem ele iria chamar: alguém com curso de design ou o responsável técnico pela telefonia?

— E se não há nenhum designer na fábrica?

— Quando Deus tem um projeto, ele pode preparar as pessoas que precisa. Alguém vai sentir um desejo irresistível de estudar artes. Há uma frase que diz: "Deus não escolhe os capacitados, mas capacita os escolhidos".

— Sendo assim, neste caso é Deus quem escolhe a pessoa?

— Sim, claro! — respondeu o frade. Escolhe a pessoa e faz o primeiro contato, colocando um desejo em seu coração. Mas é importante saber que Deus não obriga ninguém a nada, apenas sugere, faz nascer a vontade e envia sinais. Cada pessoa é livre para aceitar ou recusar.

— E se a pessoa não aceitar, ignorar o desejo no coração e ficar cega aos sinais?

— Deus aceita a opção da pessoa. Ele mesmo "se impôs" essa restrição, quando criou o ser humano criado à sua imagem e semelhança, a de respeitar a vontade da pessoa. É o que denominamos "livre arbítrio", isto é, a possibilidade de escolher a cada segundo da vida uma dentre as várias opções que se apresentam. Assim Deus não nos obriga a "trabalhar" nos seus projetos, apenas nos convida através do desejo em nosso coração. Mas aceita uma resposta negativa, caso a proposta seja recusada.

— Deve ser decepcionante para ele quando isto acontece...

— Nem tanto. Deus aceita, como um pai amoroso aceita. E ainda ajuda a pessoa a realizar o outro projeto que escolhido, disponibilizando os recursos espirituais necessários. Deus sabe que temos uma vida curta, enquanto ele tem toda a eternidade.

— Muitas vezes os pais traçam objetivos para os filhos e quando estes crescem seguem outros caminhos – disse Patrick lembrando-se de alguns casos que conhecia.

— Exatamente como no plano espiritual. Mas quando o homem aceita o projeto de Deus, o canal por onde escoa o capital espiritual se alarga e ambos, a pessoa e o projeto, crescem de forma surpreendente. Se há alguma sorte aí é a sorte da pessoa ter descoberto qual era o plano de Deus para ela.

— Assim como o senhor aceitou a missão de ser um frade.

— Assim como eu aceitei a missão de ser um frade – respondeu frei Mateus com um largo sorriso nos lábios.

Patrick pensou em quantas renúncias este homem, Mateus, havia feito em sua vida ao escolher o caminho espiritual. Não apenas a renúncia a uma vida sexual, que acaba por perder o seu apelo, mas a renúncia a uma família, a filhos, à sua própria independência. Devia ser bastante difícil ser religioso.

— É muito difícil ser frade?

— É viver entre a terra e o céu. Temos que comer, dormir, cuidar do corpo físico. Mas o tempo que dedicamos à vida espiritual é o nosso céu.

— E o tempo que perdem com jovens questionadores? — perguntou Patrick sorrindo.

— Não é contado como perdido. Naquele dia em que você entrou no convento dizendo "estar em busca de si mesmo" percebi que Deus estava me propondo ajudá-lo a se encontrar. Pelo menos estou tentando.

— Está conseguindo, frei! Só mais uma coisa. Gostaria de entender por que a minha mãe não me ensinou tudo isso quando eu era criança. Talvez eu não tivesse me tornado tão materialista, poderia até ter estudado mais sobre a fé cristã e a fé hebraica. Teria sido mais fácil aprender a fazer a conexão espiritual. Quanta coisa teria sido diferente...

— Tudo tem a sua hora. Eu tenho certeza que, tendo sido católica, ela rezou muito pedindo orientação sobre a sua educação e recebeu sinais no sentido de deixar que Deus se ocuparia disto no futuro.

— O senhor tem certeza, frei Mateus?

— Modo de dizer.

— Se for isso mesmo, podemos dizer que Deus está se ocupando bastante de minha educação. *A domani*, frei!

— *Arrivederci*, meu filho!

Patrick resolveu passar no Uffizi novamente, para tentar encontrar o seu anjo irlandês. Nada viu, nada conseguiu, parecia até que o encontro em Pisa havia sido apenas um sonho. Quase desanimou, mas a experiência da véspera o fortalecera tanto que seu coração não se deixou abater. Estava começando a acreditar na força do seu espírito, construído à imagem e semelhança de Deus. Ele a encontraria.

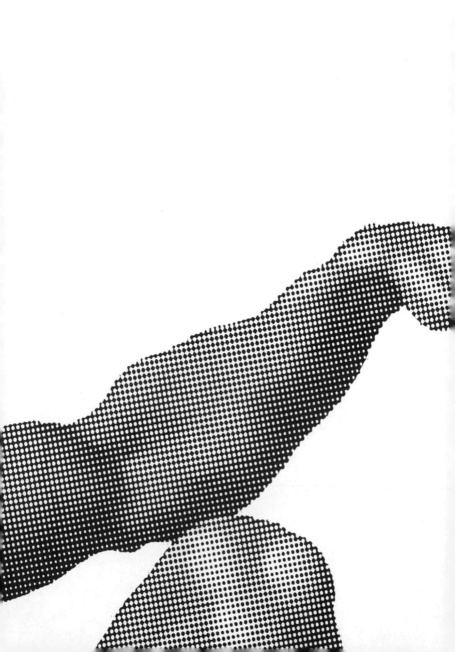

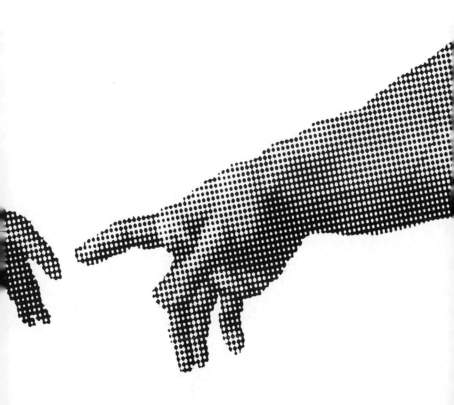

O mais importante

O mais importante

ERA JÁ QUARTA-FEIRA DA SEGUNDA SEMANA de conversa entre Patrick e o monge. Faltavam apenas dois dias para que a semana terminasse, o jovem voltasse a Roma e de lá partisse para seu país. Chegando ao convento, Patrick perguntou por frei Mateus e soube que o mesmo se encontrava no milharal. Caminhando até lá, encontrou o frade sentado num banco de pedra limpando espigas de milho. À sua frente havia dois cestos, um com as espigas colhidas e outro com as espigas sem cascas, já limpas. A montanha de cascas de milho estava ao lado.

— Frei Mateus, bom dia!
— Bom dia, meu filho, como você está hoje?
— Mais ou menos. Temo ter perdido a chance da minha vida!
— Como assim?
— Não a encontro. Já fui quatro vezes ao Uffizi e com a multidão que sempre está presente, é impossível encontrá-la. Ela já deve ter voltado à Irlanda. Se ao menos eu tivesse corrido atrás dela na sorveteria para anotar seu e-mail...
— Calma, Patrick. Isto tudo pode ser um sinal ou um teste.
— Como assim?
— Deus pode estar lhe dando um sinal negativo, mostrando que ela não é a pessoa certa para você ou Deus pode estar testando-o, pondo a prova sua persistência, a certeza do que pediu.
— *Are you kidding*[45]? O senhor não acha que tenho certeza bastante? Será que Deus não está vendo a minha angústia?

---
45 Tradução do inglês: "O senhor está brincando"?

— Claro que vê! Deus não brinca com os sentimentos das pessoas. Mas os testa para que eles se fortaleçam.

Patrick estava irritado com a serenidade do monge em relação a um assunto que o angustiava tanto.

— Desculpe, frei. Como o senhor pode saber tanto sobre o que Deus pensa?

— Eu não "sei", filho. Mas nós sabemos que Deus se revela sempre, há milhares de anos está se revelando aos homens. Nada do que lhe falo vem da minha própria mente, vem sim, de leituras e experiências históricas de muitas pessoas que passaram por este mundo antes de nós. Neste caso específico, do "teste", o que lhe falei foi aprendido em relatos sobre experiências negativas que levaram a resultados positivos. A própria Bíblia conta a história de Jó, que era um homem rico, possuía bens e uma família numerosa e perdeu tudo. Os vizinhos lhe diziam que Deus havia se esquecido dele ou que o Deus em quem ele acreditava não tinha poder algum. Contudo, ele permaneceu na sua fé. Tempos depois recuperou em dobro o que havia perdido, família e bens materiais. Há dezenas de outras pessoas relatando histórias parecidas com a de Jó. Entende agora porque disse que muitas vezes Deus se revela através dos acontecimentos e "testa" as pessoas?

— Entendo, mas por que Deus age desta forma? Especificamente, por que fez isso com Jó?

— Para que as outras pessoas acreditassem. Jó foi apenas o canal de comunicação e Deus o premiou por sua adesão ao seu projeto.

— Entendi. Perdoe-me, frei Mateus, por ser tão questionador.

— Não se preocupe. Prefiro as mentes inquisitivas, porque estas, quando enfim acreditam, o fazem para toda a vida. Como muitas das pessoas que foram portadoras de mensagens divinas. A princípio não acreditavam em sua existência. Outras acreditavam em Deus, mas viviam como se ele não existisse e foram surpreendidas por algum fato ou acontecimento que as fez redirecionar sua vida.

— O senhor fala do passado ou estas pessoas ainda existem?

— Existem pessoas assim em todas as épocas, culturas e religiões. Temos registros históricos que datam de cinco mil anos, relatando a vida de patriarcas e profetas da fé judaica, temos a história de Maomé que viveu por volta do ano setecentos da nossa era e também histórias de conversões mais recentes, os santos que dedicaram a vida à Deus.

— Quando o senhor fala "santos" está se referindo aos santos da Igreja Católica?

— Sim, os santos católicos são reconhecidos pela Igreja como testemunhas privilegiadas. Foram pessoas que, durante a sua vida, levaram a sério as Sagradas Escrituras, não só pelo estudo como pelas atitudes. Viveram a verdadeira mensagem de amor. Suas vidas são exemplos para os cristãos de todas as épocas.

— Como quem?

— Como, por exemplo, Tomás de Aquino, um santo que viveu sua vida terrena no século XIII entre Espanha, Alemanha e Itália. Toda a sua obra filosófica e teológica é fruto de uma inteligência excepcional. Mas não se trata de um intelectualismo abstrato, pois a inteligência é condicionada e o amor é condicionante. Dante Alighieri, o escritor da Divina Comédia, foi um dos primeiros a estudar as obras de Tomás de Aquino e, a respeito do mestre, dizia: "É luz intelectual, de amor cheia...".

— Quais são os outros santos?

— Há milhares de santos reconhecidos pela Igreja Católica. O próprio papa João Paulo II, após a sua morte, entrou em processo de "canonização", o qual consiste de um longo estudo da sua vida ao fim do qual pode ser reconhecido como um santo.

— E o que é necessário para se tornar santo?

— É preciso dedicar a vida ao conhecimento e à prática dos ensinamentos divinos. Você deve ter ouvido alguma coisa sobre Madre Teresa de Calcutá. Foi uma religiosa que passou a vida dedicando-se aos pobres e doentes, desenvolvendo um trabalho humanitário que o mundo todo admirava. Também ela está em processo de canonização. Santos são pessoas que foram tocadas pelo amor. Só a inteligência não constrói nada. Falta o mais importante.

— E o que é o mais importante?

— É o amor, filho, é o amor! Nada teria sido possível sem ele! Sem o amor Deus não teria criado este mundo, não teria formado o ser humano à sua imagem e semelhança. Como disse o Papa Bento XVI : "A fé constitui aquela adesão pessoal à revelação do amor gratuito e apaixonado que Deus tem por nós e que se manifesta plenamente em Cristo. O encontro com Deus-Amor envolve não só o coração, mas também o intelecto. O reconhecimento do Deus vivo é um caminho para o amor e o SIM da nossa vontade à dele. Une intelecto, vontade e sentimento no ato globalizante do amor".

— É estranho que Deus ame sem esperar nada em troca, sem a reciprocidade do ser humano...

— Este é o verdadeiro amor. É por amor que Deus perdoa os nossos pecados...

— Uma coisa me intriga nas religiões: é a noção de pecado. O que é pecado?

— Pecado é uma situação que afasta a pessoa de Deus.

— Só isso?

— A gula, a vaidade, a luxúria, a inveja, todos são afastamentos de Deus. A pessoa está substituindo Deus no seu coração por outros valores.

— Somos egoístas e acumuladores. Achamos que quanto mais bens materiais tivermos, mais felizes seremos. Mas eu já percebi que isto é um engano. Quanto mais temos, mais desejamos.

— É verdade. O homem tem um vazio no coração que só Deus pode preencher. Se não preenche esse vazio com Deus, procura no mundo outras formas de preenchê-lo, embora não consiga encontrar. Isto é o pecado.

— E como podemos ter certeza que Deus perdoa nossos pecados?

— Primeiro porque amor e perdão caminham sempre juntos. Quem ama, perdoa e sabemos que Deus nos ama. Mesmo pregado na cruz, antes de morrer, Cristo perdoou a seus algozes e à toda a humanidade com as palavras: "Pai, perdoai-os! Eles não sabem o que fazem". A segunda garantia do perdão divino está os rituais de perdão que cada religião possui, pelos quais o homem pode ter a certeza de que Deus o está perdoando. No cristianismo este ritual é a confissão.

Patrick lembrou-se que a reflexão sobre a confissão seria no dia seguinte, por isso não iria ao mosteiro naquela quinta-feira. Em sua mente surgiram também memórias da infância.

— Quando criança, via meu pai saindo para participar do Dia do Perdão.

— O *Yom Kippur*, Dia do Perdão, é um dos mais santos do calendário judaico. Você deve ter ficado impressionado com a beleza da cerimônia. As pessoas encontram-se em alto nível de espiritualidade, porque o *Yom Kippur* ocorre uma semana após a celebração do Ano Novo Judaico, o *Rosh Hashaná*. Um dia de perdão coletivo pretende transmitir a ideia de que o povo judeu é um povo "entrelaçado", onde cada um deve ser responsável pelos outros. Mesmo não cometendo uma determinada ofensa, cada pessoa compartilha uma carga de responsabilidade por aqueles que a cometeram, especialmente se a transgressão pudesse ter sido evitada pelos que não arcarão diretamente com as culpas.

— Interessante esta forma de pensar. Nunca imaginei que na religião do meu pai houvesse tanto compartilhamento, isto é alegrias, tristezas, vitórias, derrotas e também o compartilhamento das culpas.

— Existe, e é belíssimo. O *Yom Kippur* é o dia mais solene do ciclo festivo anual, um dia dedicado à limpeza espiritual e à recuperação da pureza. Por isso além das celebrações religiosas é feito um severo jejum. Corpo e alma se purificam neste dia.

— E no islamismo, existiria alguma cerimônia similar? – quis saber Patrick.

— Claro! Em todas as religiões há rituais de perdão. São necessários porque as religiões são fundamentadas nas relações entre o homem, cuja natureza, sendo limitada, está sempre errando e Deus, que é perfeito, está sempre perdoando. Esta é a razão da necessidade dos rituais de perdão. No islamismo os rituais variam de acordo com o grau do pecado, por exemplo: ler página do Alcorão, orar, fazer o bem, jejuar, peregrinar em Meca. O ritual da lavagem de algumas partes do corpo representa a lavagem dos pecados, feito sempre antes de orarem, para se purificarem perante Alá.

— Interessante.

— Há rituais de perdão também nas comunidades primitivas. Há alguns anos um antropólogo encontrou uma tribo na Ásia, onde, ao ser descoberto um erro de alguém toda a tribo se penitenciava e se juntava para lhe dizer : "Eu te amo. Eu te perdoo. Eu te recebo de novo". Uma forma de assumir grupalmente a culpa de uma pessoa, considerando que foi a própria sociedade que a conduziu ao erro.

— Isto é emocionante!

— Tem mais, filho, muito mais. Este assunto "Perdão" é um estudo à parte que poderemos fazer em outra oportunidade.

— Então, voltando ao ritual cristão, já que vou assistir uma palestra amanhã sobre esse assunto...

— A confissão é a forma cristã de se obter o perdão de Deus aliviando a culpa pelos erros cometidos e inclui também conselhos do padre para evitar que estes ocorram novamente. O padre, que ouve, é apenas um representante de Deus, que é quem realmente tem o poder de perdoar e de aliviar o sofrimento da alma arrependida. A confissão permite que o pecador, ao apontar seu erro, refaça a ligação com Deus e readquira a paz. Este é o ritual de perdão dos cristãos. Difere do perdão judaico porque é um sacramento individual, em que só estão presentes o padre e a pessoa que confessará seus pecados. É importante a pessoa ter certeza que está perdoada e ouvir isto de um representante de Deus. Ao final da confissão o padre diz: "Eu te perdoo em nome do Pai, do Filho e do Espirito Santo"! Assim há certeza de que a conexão com Deus foi resgatada e a pessoa pode continuar vivendo sob o seu amor.

— Por que a confissão deve ser individual?

— Para que as pessoas possam falar até os pecados que não contariam a ninguém. Existe um voto de segredo perpétuo sobre tudo o que o sacerdote ouve em confissão. Alguns já morreram por não terem revelado esse segredo.

— Então uma pessoa pode confessar um assassinato e o padre não pode denunciar à polícia? — Patrick estava pálido de susto.

— Em hipótese alguma, nem à polícia nem a qualquer outra pessoa, nem sob ameaça de morte. Somos treinados para isto.

Mas não se preocupe, filho, Deus nos ajuda a carregar este fardo. Caso contrário, não conseguiríamos pregar os olhos à noite. Mas nos casos muito graves o padre orienta o confessado a se entregar à policia. Sem esta predisposição não há perdão. Mas estes casos são bastante raros. Nos casos extremos, quando o sacerdote é chamado, o acusado já está preso e seu delito é de conhecimento público.

— Voltando às pessoas comuns, frei Mateus, sem a confissão, Deus não perdoa?

— O amor de Deus pelos seus filhos é tão grande, que o perdão não está condicionado obrigatoriamente à confissão. Lembra-se das palavras de Sua Santidade Bento XVI? Deus nos ama APAIXONADAMENTE! Basta um pequeno sinal de arrependimento e estamos perdoados!

— Se Deus tem por nós um amor tão grande, deveríamos ser muito felizes, pois tal amor só pode causar felicidade infinita.

— Deveríamos! E só não somos se não acreditarmos nessa suprema realidade: Deus nos ama com amor infinito! E cuida de nós como um pai cuida dos seus filhos — o monge enfatizou o que disse pronunciando cada palavra bem devagar. — Cuida de cada um de nós. Para Deus cada ser humano é único. Como cuida dos pássaros do céu e das flores do campo. Cristo ensinou aos seus discípulos que ele veio para servir e não para ser servido e quem quisesse ser o primeiro que se tornasse o escravo de todos.

— Este é um conceito mais amplo de amor. Bem mais difícil. Quase inatingível.

— É uma resposta nossa ao amor de Deus. A mais bela manifestação da nossa gratidão para com Deus está na caridade com que tratamos os nossos semelhantes. Por caridade, Cristo, em suas caminhadas, aliviava os sofrimentos dos doentes, curando-os. A caridade é o amor ao próximo. Como disse o apóstolo Paulo na sua carta aos Coríntios. Quer ouvi-la?

— Sim, com prazer.

O monge limpou as mãos num guardanapo de pano, tirou do bolso do hábito o livro do Novo Testamento, procurou uma página e leu:

— "Ainda que eu falasse as línguas dos homens e dos anjos, se não tiver caridade, sou como o bronze que soa, ou como o címbalo que retine. Mesmo que eu tivesse o dom da profecia e conhecesse todos os mistérios e toda a ciência; mesmo que tivesse toda a fé, a ponto de transportar montanhas, se não tiver caridade, não sou nada. Ainda que distribuísse todos os meus bens em sustento dos pobres, e ainda que entregasse o meu corpo para ser queimado, se não tiver caridade, de nada valeria! A caridade é paciente, a caridade é bondosa. Não tem inveja. A caridade não é orgulhosa. Não é arrogante. Nem escandalosa. Não busca os seus próprios interesses, não se irrita, não guarda rancor. Não se alegra com a injustiça, mas se rejubila com a verdade. Tudo desculpa, tudo crê, tudo espera, tudo suporta. A caridade jamais acabará. As profecias desaparecerão, o dom das línguas cessará, o dom da ciência findará. Por ora subsistem a fé, a esperança e a caridade. Porém, a maior delas é a caridade."

O monge completou enquanto guardava o livro:

— Se você substituir todas as palavras "caridade" por "amor" saberá o que é o amor.

Por alguns minutos ambos se calaram. Patrick pensava em quanto o mundo estava distante de conhecer a caridade e o amor. No céu, os pássaros voavam em formato da letra V emitindo um som que ele não conhecia. Vinham e voltavam, esperando para se alimentar com os grãos de milho caídos no chão.

— Frade — disse sorrindo —, agora que conheço a grandeza do amor de Deus, posso ter uma vida mais tranquila. Deus cuidará de mim e me dará tudo o que preciso como faz com os pássaros e as plantas. Nem preciso me preocupar com o trabalho.

— Com certeza lhe dará! Ainda que se torne um mendigo, Deus lhe proverá o necessário para viver. Mas para ter uma vida mais saudável e feliz, o homem deve trabalhar, fazendo a sua parte com a certeza que Deus fará a dele. O ser humano gosta de se sentir útil, é feliz em produzir e ver o fruto do seu trabalho. Além disso, sei que deseja ter uma família e um dia vai ser pai, devendo agir também como o nosso pai do céu, provendo o alimento para os seus filhos.

Patrick sorriu e retrucou imediatamente:

— Não se preocupe, frei Mateus, é claro que vou trabalhar! Por amor a mim mesmo e à minha família. Na verdade, espero ter uma família, espero encontrar a única pessoa que me despertou esta vontade, a única com quem eu gostaria de compartilhar a vida.

— Vai conseguir. Talvez antes do que você imagina. Deus já colocou a semente de amor no seu coração. Vai enviar a chuva que ela precisa para germinar. Desde que você faça a sua parte.

— Mas eu não sei como fazer a minha parte. Já fiz de tudo para encontrá-la.

— Como não? Você está rezando? Você está pedindo? Você já conversou com Deus para dizer que gostaria de reencontrar esta jovem?

— Já conversei com a sua Mãe. É suficiente?

— Escolheu a melhor advogada para a sua causa. Embora mãe de Deus não tenha poder para realizar milagres como Deus, é intercessora, um caminho mais rápido para Deus. Então, continue rezando, diariamente. Deus tem que saber se é isso mesmo que você quer.

— Com certeza!

Frei Mateus levantou-se. Havia terminado o seu serviço e uma montanha de cascas de milho jazia pelo chão. Com uma pequena enxada começou a juntá-la. Patrick tirou a enxada das mãos do frade e fez o trabalho. Quando estava tudo limpo, o monge pegou o cesto com as espigas descascadas mas o jovem, delicadamente, tirou-o de suas mãos, colocando-o sobre a cabeça como faz um humilde trabalhador rural. Iniciaram o caminho de volta ao mosteiro.

— Amanhã vou à Florença levar algumas espigas de milho para meus amigos da *Santa Croce*. Com este calor, farão ótimos sorvetes!

— *Gelato de mais*[46]? Deve ser delicioso!

— É um manjar!

O barulho das aves que pousavam desordenadamente no local de onde os dois haviam saído fez com que olhassem para trás. Dezenas de pássaros estavam degustando os grãos de milho caídos no chão. Frei Mateus perguntou:

— Você virá na sexta-feira?

— Sim, frei, na sexta-feira venho me despedir. Vou passar em Roma a última semana destas férias de três meses que me concedi e depois voltarei a Nova York. O que farei quando lá chegar, ainda não sei. Não pretendo continuar neste trabalho estressante que desempenhei por tantos anos. Também não tenho nada em perspectiva ainda.

— Não se preocupe, filho. Pergunte a Deus, ele lhe indicará o caminho a seguir. Como indicou hoje a estas aves, que nesta montanha isolada da Toscana, haveria milho de sobra para todas.

---

46 Tradução do italiano: "Sorvete de milho?"

A outra ponta do fio

O VELHO MONGE SUBIA DEVAGAR e pacientemente a montanha do mosteiro. Voltava de Florença e o ônibus o havia deixado no sopé da montanha, como de costume. Descer era fácil, mesmo carregando uma bolsa com espigas de milho, mas subir, para seus pés e sua coluna já desgastados pelo tempo, era muito cansativo. Sabia que era um esforço que pessoas da sua idade deveriam evitar, mas não se importava. Deus providenciaria o transporte, se assim fosse necessário.

Pensava na bondade de Deus e em como seria providencial se alguém lhe oferecesse uma carona, quando ouviu o ruído de um carro. Ao se aproximar do monge, o carro parou e o motorista, um senhor de meia idade, perguntou se gostaria de aproveitar a carona. Nele havia uma família com quatro pessoas que poderiam ser pai, mãe, filho e filha.

— *Grazie mille!*[47] — Disse em italiano enquanto entrava no carro ao lado dos jovens — *Che Dio vi benedica! Io mi chiamo Fra Matteo.*[48]

— *Il piacere è mio!*[49] — respondeu o pai num italiano com sotaque inglês. O monge continuou em inglês.

— Vieram visitar o Monte Campanário? Está quase na hora da missa do Lava-pés. Caso queiram, poderão assistir, começa às 17 horas.

— Sabemos, disse a mãe. Telefonamos para cá. Viemos agradecer um milagre obtido por intercessão de São Peregrino.

---
47 Tradução do italiano: "Muitíssimo obrigado!"
48 Tradução do italiano: "Que Deus os abençoe! Eu me chamo frei Mateus!"
49 Tradução do italiano: "O prazer é nosso!"

— Fico contente por isso! — disse o monge. — Sempre é bom agradecer aos nossos santos. Mesmo no céu, eles ficam felizes com a nossa gratidão.

O frade não perguntou detalhes sobre o milagre, mas sabia que S. Peregrino, monge da mesma ordem religiosa é "especialista" em curas do câncer. Conta-se que S. Peregrino viveu no século XIII, tendo sido vitimado por esta doença e ao chegar ao céu passou a interceder pela cura das pessoas. Percebendo um certo constrangimento respeitoso na família, muito comum entre leigos quando estão na presença de religiosos, ele mesmo continuou a conversa.

— Estão hospedados em Florença?

— Sim, ficaremos até domingo. Assistiremos à missa de Páscoa aqui.

— Será uma alegria vê-los nas nossas celebrações. No domingo às 11 horas a missa é cantada pelos monges em canto gregoriano. Os visitantes costumam gostar.

— Estaremos aqui no domingo às 11 horas! — decidiu o pai.

Chegaram ao topo da colina e, ao descer, o monge convidou-os para tomar um café na cantina após a missa. A família aceitou imediatamente. O monge foi para sua pequena cela, onde guardou as notas de compra na pasta da contabilidade, tomou uma chuveirada rápida, mania de americano que nunca perdera, e vestiu-se para a missa.

Durante a missa, estando sentado próximo à família, pode observar que eram muito piedosos. Participavam ativamente do cerimonial, respondendo a todas as palavras do celebrante, embora lessem no folheto as respostas em italiano. Ajoelharam-se no momento da consagração adorando à Cristo que se tornava pão, uma cerimônia que recorda e mantém a aliança feita com a espécie humana nos tempos da sua paixão. Todos comungaram recebendo a hóstia branca. Ao receber este pedaço de pão, transmutado em Corpo de Deus, o homem finito se funde com matéria infinita e mergulha na infinitude divina unindo-se a Deus e aos outros homens que também a receberam. Da mesma forma que uma pessoa ao tomar um copo de água do mar pode dizer que tem "o mar dentro de si" apesar do mar ser infinitamente maior do que ela, a pessoa que recebe uma hóstia consagrada passa a fazer parte do corpo místico de Cristo, que é a união de todos os cristãos em toda a eternidade.

Quando a missa terminou, o monge dirigiu-se à cantina onde a família o aguardava. Ofereceu o café e começaram a conversar. Os dois jovens se afastaram para examinar as estantes com garrafas de licor de abeto enquanto os pais sentavam-se nas cadeiras que lhes foram oferecidas.

A conversa versou sobre o milagre de S. Peregrino. Contaram que o pai havia recebido um diagnóstico de câncer e fizera tratamento durante um ano, mas a doença só progredia. Souberam da "especialidade" de São Peregrino e pediram sua intercessão. Mais seis meses de tratamento e os exames demonstraram que a doença havia sido debelada. Havia lágrimas nos olhos do casal enquanto contavam a história.

— E estes belos jovens, estudam?
— Eu faço medicina — disse o filho se aproximando.

— E eu estudo artes — disse a filha.

— Nenhum dos meus filhos se interessou pela minha própria carreira — disse o pai. — Não sei para quem deixarei a empresa quando me aposentar.

— Meu marido trabalhou muito para montar sua própria empresa e gostaria de deixá-la na família. Deus enviará a pessoa certa.

— Acontece com frequência dos jovens escolherem seus próprios caminhos — disse o frade. — O importante é que sejam felizes nas profissões que escolheram. São os caminhos de Deus.

— Frade, de onde o senhor é?

— Interior dos Estados Unidos. Minha família tinha uma fazenda de criação de carneiros para a produção de queijo. Eu também não segui o ofício dos meus pais — disse o monge, sorrindo. — Foi muito útil essa experiência de infância no campo porque aqui no convento os monges fazem todos os trabalhos: limpeza, jardinagem, poda de árvores. Só não fazemos a comida, porque temos há trinta anos uma cozinheira italiana que cozinha melhor que todos os frades juntos.

— As irlandesas também são ótimas cozinheiras — disse o pai segurando carinhosamente as mãos da sua esposa. — Se o senhor for à Irlanda, faremos questão de mostrar nossos pratos típicos. Deixo-lhe meu cartão de visitas para que o senhor possa nos encontrar.

Os pais se levantaram e se dirigiram à saída da cafeteria. Devia ser uma bênção viver num lugar assim, longe do estresse da cidade, onde não havia grandes preocupações. E, mais que tudo, onde a benção do contato permanente com Deus podia garantir ao ser humano toda a felicidade do mundo.

O monge levou-os até a porta. A filha quase não falava, mas sua expressão de rosto transmitia inquietação e pressa.

— Parece que a nossa jovem está com pressa.

— Desculpe, padre! Tenho que concluir uma pesquisa ainda nesta semana no Uffizi. Falta fotografar todas as obras anteriores ao Renascimento.

Com um olhar sorridente, despediram-se do monge pedindo que lembrasse de sua família nas suas orações. O monge respondeu:

— Esperamos vê-los no domingo e sempre que vierem à Itália!

— Sim, claro — disse o pai. — Estamos aqui a cada dois anos para visitar o Vaticano e ouvir a pregação de Sua Santidade. O Papa Francisco está nos fazendo relembrar muitos conceitos do cristianismo que haviam sido esquecidos ao longo dos séculos.

— Concordo! — disse o monge. — Parece que a Igreja Católica está recuperando a força e o carisma dos primeiros séculos. Vamos rezar pelo Papa Francisco como ele mesmo nos pediu!

— Vamos sim! Até logo, frei Mateus!

— Que Deus os abençoe!

Mergulho na fonte espiritual

PATRICK VOLTOU AO CONVENTO na sexta-feira para despedir-se do monge. Esta estadia na Itália lhe havia acrescentado alguns quilos, o que era bom, porque sendo alto e magro, desde criança seu apelido havia sido "pé-de-junco". Do ponto de vista espiritual, sua mente estava anos-luz à frente de quando desembarcara em Roma. A devoção do povo italiano, que presenciara nas visitas às igrejas, a palestra sobre confissão, a revelação espiritual que recebera quando "falara" com sua mãe e as conversas com frei Mateus, tudo isso junto, havia lhe dado um *insight*[50] sobre o cristianismo e o amor de Deus, que confirmava largamente o que o havia ouvido anteriormente. A maioria das suas dúvidas estava respondida, mas havia uma pergunta importante que não pudera ainda enunciar. Esta dizia respeito à "divindade de Cristo. Era um conceito muito difícil de assimilar.

Entrando na cantina vazia, sentou-se numa pequena mesa e aguardou até que seu amigo chegasse. O tempo passou e nada aconteceu, ninguém entrou na cantina. Havia um silêncio sepulcral em todo o mosteiro, nem mesmo se ouvia o ruído da cortadeira de grama, que sempre estava presente.

Uma hora depois surgiu um monge carregando uma cesta com uvas e ramos de trigo. Perguntou se Patrick esperava alguém.

— Espero frei Mateus.

— Aguarde alguns instantes por favor, vou chamá-lo. Mais quinze minutos de espera e surgiu frei Mateus desculpando-

---

[50] Tradução do inglês: "visão interna, percepção, compreensão"

-se por não ter avisado ser nesta sexta-feira o dia da cerimônia anual da paixão de Cristo, que acontece sempre antes da Páscoa. Neste dia os monges se recolhem e passam o dia em oração. Na véspera ocorrera a cerimônia do Lava-pés, quando os cristãos relembram o dia em que Cristo, ajoelhando-se no chão, humildemente lavou os pés de cada discípulo. Contou como foi linda a missa, com a igreja enfeitada por ramos de trigo e cachos de uva, lembrando a instituição da Eucaristia. Disse que havia muitos fiéis presentes, de várias regiões do mundo.

— Obrigado, frade Mateus, eu vim apenas para me despedir. Estou retornando neste domingo a Roma e depois a Nova York.

— Não tenha pressa, tenho algum tempo. Pedi licença ao abade para atendê-lo. Podemos conversar por uma hora.

— O que significa exatamente a "paixão de Cristo"?

— Significa a entrega de Cristo para ser imolado como um cordeiro pascal. Naquela época, os judeus e todos os povos do mundo ainda sacrificavam animais para ser agradáveis a Deus. O cristianismo usou esta tradição e interpretou a morte de Cristo como um sacrifício, o qual é simbolicamente renovado a cada missa em cada igreja do mundo. Com isso, o sacrifício de animais foi definitivamente abolido.

— Mas não foi esse o motivo da sua condenação. O que ouvi dos meus amigos judeus foi que Cristo era um reformador, um rebelde, que quis derrubar a mensagem dos sacerdotes judeus.

— Não exatamente. Cristo não veio anunciar o nascimento de uma nova seita, mas a renovação da antiga. Pregava aos judeus dizendo textualmente que não era o caso de abolir, mas de cumprir a lei hebraica em toda a sua extensão. Porque a lei era uma, mas os costumes eram outros. Nada muito diferente do que acontece hoje.

— Ele pregava na sinagoga?

— Sim, sendo judeu por nascimento, fez isto muitas vezes em sua vida. Segundo a lei judaica, uma pessoa pode ler a Torá, o Talmude e comentar os trechos mais importantes. As pessoas que o ouviam se maravilhavam com suas palavras sábias. Havia razões políticas para os fariseus da época não o aceitarem, temiam que o poder lhes fosse retirado. Como acontece em todas as religiões, havia sacerdotes que se alinhavam aos dominadores romanos para manterem seu status e temiam que alguém os denunciasse ao povo. Além disso, a mensagem de Cristo era bastante diferente da esperada pelo povo de Israel. O povo queria um salvador político que os libertasse do domínio romano, um rei poderoso como foi Davi ou Salomão, que recriasse a opulência de Israel. Ao contrário, ele só falava de amor e de perdão, conversava com mendigos e paralíticos, realizava milagres e, por humildade, ordenava que estes não fossem divulgados. Era outro tipo de mensagem, outro tipo de libertação: a libertação do espírito. Além disso, chocava pobres e ricos quando chamava *Yaveh* de Pai, dizendo-se filho de Deus, o que era uma ousadia muito grande numa religião baseada no respeito e no temor de Deus. Mas Cristo não desejava fazer uma religião nova e sim corrigir o percurso da antiga. Ele respeitava e amava os judeus. Era de linhagem nobre, descendente de Davi por parte de mãe.

— Mas os judeus não o amavam.

— Não se pode generalizar. O cristianismo foi gerado no judaísmo, após uma intervenção divina. Todos os apóstolos eram judeus. É preciso considerar que, já naquela época, havia várias vertentes no judaísmo e que Cristo não foi rejeitado por todas. Os hebreus já haviam se dispersado por todo o mundo antigo, devido à diáspora, ocorrida no século VI a.C. a partir do exílio na Babilônia. Havia, por exemplo, os essênios, tão ortodoxos a ponto de se mudarem de Jerusalém e viverem no deserto porque percebiam a corrupção dos sacerdotes do templo. Nesses séculos que antecederam a vinda de Cristo, os descendentes de Abraão já estavam divididos em várias seitas, embora todas elas se orientassem pelas sagradas escrituras, assim como o cristianismo, que tomou como base o Antigo Testamento escrito pelos hebreus. Cristo foi amado e reconhecido por milhares de judeus. Ainda hoje é respeitado como o maior filósofo da humanidade, o homem que dividiu o tempo em duas partes. Foram muito poucos os judeus que o rejeitaram. Infelizmente estes eram os "donos do pedaço" e tiveram poder político para o enviarem à morte.

— E o que mais os incomodava em Cristo?

— Além de falar contra a corrupção dos sacerdotes do templo? Acredito que o mais difícil para os judeus ortodoxos daquela época, e até do presente, é aceitar a filiação divina de Cristo.

O assunto chegava ao ponto em que ele, Patrick, desejava. Esta era a também a sua grande dúvida no cristianismo.

— Frade, perdoe-me a ousadia, mas este é um mistério que

eu não consigo entender. Como é possível uma religião ser baseada num filho de Deus que assume um corpo humano, se, por definição, Deus não tem corpo material? Isso não é pretensão demais?

— Vou lhe responder, mas antes de tudo, não se sinta culpado por pensar assim. Até os santos tiveram essa dúvida. Mostra que você está em busca da verdade, o que já é um caminho para Deus. Segundo, eu não tenho todas as respostas, vou tentar lhe responder da forma que entendo, depois de viver e meditar muito.

— Não havia um pai humano nesta história?

— Havia o noivo de sua mãe, José, que é chamado *pater putativus*[51] de Cristo. Ao conceber, sua mãe não estava casada ainda. Segundo o cristianismo, Maria, a mãe de Cristo foi visitada por um anjo que lhe perguntou se aceitava a missão de ser mãe de Deus. Mais um sinal da delicadeza de Deus, que pergunta antes de realizar seus projetos. E, após dizer sim a Deus, Maria concebeu de forma milagrosa. José, seu noivo, tendo percebido o estado de Maria, pensou em deixá-la, em um sonho, um anjo lhe comunicou estar Maria grávida do filho de Deus. José, maravilhado, porque os judeus esperavam um Messias, aceitou a função de ser pai adotivo para a criança até que esta pudesse desvelar ao mundo sua missão.

— Por que Deus, que pode tudo, enviaria um Filho à Terra? Ele teria outras formas para transmitir sua mensagem!

---

51 Tradução do latim: "pai adotivo"

— Deus havia enviado outros mensageiros que não eram seu Filho, gente comum um pouco mais espiritualizada. Mas as pessoas não os escutaram e até os maltrataram. Foi o que aconteceu com a maioria dos profetas que vieram antes de Cristo. Há vários exemplos, vou relatar apenas alguns. Após a morte do Rei Salomão o estado israelita foi dividido em dois: Judá, com capital em Jerusalém e Israel, com capital na Samaria. Guerras começaram a ocorrer entre ambos e o Profeta Misael, que os mandou suspender a guerra fratricida foi morto por ordem do Rei Ahab, de Judá. Pouco depois o Profeta Zacharias foi apedrejado por falar contra a corrupção moral. Mais algum tempo transcorreu e os israelitas foram destruídos e massacrados pelos judeus. O Profeta Jeremias pediu aos vencedores clemência para os derrotados, por este motivo, foi acusado de traição e conspiração e o fizeram descer com cordas num poço, deixando-o sem comida e água até morrer. O Profeta Amós, ao pregar contra os erros e a corrupção na Samaria, foi exilado. João Batista, foi decapitado. Estamos falando apenas da história judaica, sobre a qual temos mais informações. Enfim, estes relatos contam como foram tratadas as pessoas que procuraram levar a mensagem de Deus. Foi por esta razão que Deus enviou seu Filho.

— Jesus Cristo?

— Sim, exatamente. A mensagem de Cristo era contundente demais para ser dita por um homem comum. Somente Deus, o próprio Deus que criou a Terra, teria legitimidade para dizê-la.

— Deus sabia o que aconteceria a seu Filho?

— Em todos os detalhes. Cristo sabia também o que lhe aconteceria. Inclusive há uma passagem nas sagradas escrituras em que Cristo, orando no Monte das Oliveiras pediu: "Pai, se possível afasta de mim este cálice, mas que seja feita a tua vontade e não a minha.

— Em algum momento Deus assumiu a paternidade de Cristo?

— Em várias oportunidades Deus revelou a sua paternidade. No nascimento de Cristo, Deus enviou uma estrela que orientou os sábios ao encontro do Menino-Deus. No batismo do Rio Jordão, na presença de dezenas de pessoas que aguardavam seu próprio batismo, assim que Cristo entrou na água, ouviram uma voz no céu: "Tu és meu Filho!". Deus também se manifestou quando Cristo se transfigurou. Neste momento sagrado em que todo o seu corpo se transmutou em luz, das nuvens, uma voz se fez ouvir: "Este é o meu Filho muito amado em quem coloca todas as minhas complacências".

— E Cristo? — perguntou Patrick.

— Cristo também disse ser Filho de Deus em várias ocasiões, porém de forma sutil para não afastar as pessoas simples da sua convivência. Como quando expulsou os vendedores de animais do templo os quais eram autorizados pelos sacerdotes fariseus em troca de percentuais nas vendas. "Não podeis transformar em mercado a casa do meu Pai". Noutra ocasião ensinou a oração "Pai Nosso", em que falava com Deus como Pai. Pregando para os discípulos disse: "Vou preparar-vos um lugar. Na casa do meu Pai há várias moradas". No momento da sua morte na cruz, ainda dizia: "Pai, perdoai-os". Durante toda a sua vida, Cristo realizou os milagres e agiu como Filho de Deus. E para completar, houve a Ressurreição, que vamos comemorar no domingo de Páscoa. Neste acontecimento surpreendente, nota-se a ação do próprio Deus. Se Cristo fosse um simples mortal, se não fosse Filho genuíno de Deus, não poderia ter ressuscitado, tudo teria terminado com a sua morte. Como qualquer outro homem da espécie.

Patrick pensava em silêncio. Tudo no cristianismo parecia muito difícil de entender. Não havia lógica, não a lógica matemática que lhe era familiar. Fé e razão não se combinam, ou então existe algum outro tipo de lógica, menos matemática, menos comprobatória, em que o conhecimento se expande através de um caminho que transcende o conhecimento humano atual. Recordou a explicação que recebera do monge sobre as duas linhas de pensamento filosófico: a que só acredita no que pode ser provado e a que acredita em alguma coisa, sem precisar de provas, enquanto não se provar o contrário. E, completando sua linha de raciocínio, pensou: "Qual é a religião, no mundo, que já conseguiu provar a existência de Deus?". Nenhuma.

— Qual era exatamente a missão de Cristo?

— Cristo tentou reconduzir o povo hebreu ao caminho de Deus e foi amado pelas pessoas simples a quem dirigia sua mensagem. Entretanto, a mesma hostilidade com que os profetas foram tratados pelos poderosos caiu sobre ele quando chamou os fariseus de "sepulcros caiados", limpos por fora, mas podres por dentro. Os fariseus, que detinham as funções nobres do templo, sentiram-se ameaçados e o denunciaram a Herodes como traidor. Herodes era o representante do imperador romano em Israel, também devasso e corrupto, que havia decapitado João Batista por este haver denunciado a ligação ilícita que mantinha com sua cunhada.

— Tempos difíceis aqueles... Quanto tempo Cristo conseguiu sobreviver naquele ambiente?

— Por três longos anos, durante os quais mudava sempre de região, de vila, buscava as montanhas, escondia-se das autoridades hebraicas nas casas de amigos. E quando não conseguia se esconder porque o povo em massa o seguia, contava parábolas, curava os doentes, realizava milagres para alimentar a multidão.

— Mas por que precisou morrer pregado numa cruz? Não poderia ter vivido uma vida humana simples e pacata ensinando o amor e o perdão e morrer idoso como outros seres humanos?

— Sem a crucificação, morte e ressurreição, sua mensagem não teria sido difundida como foi. Fatos extremos são o que movem a opinião das pessoas, as fazem pensar, meditar, alterar o curso das suas vidas. Nem todos os milagres que Cristo fez foram suficientes para que todos acreditassem que ele era Deus. Foi necessária uma história traumática para que o mundo o enxergasse. Foi necessária uma morte cruel, presenciada por todos, seguida da ressurreição, também presenciada, para que pudessem acreditar. A maior prova de amor é dar a própria vida pela pessoa amada. Cristo fez isso por toda a humanidade.

— E por que as pessoas acreditariam nele, se estava "personificado"? Como saberiam que era Deus?

— Porque fez milagres que um ser humano não poderia fazer. Porque, muitas vezes suprimia leis da física, química e biologia. Sendo Deus, onipotente, podia alterar as regras da sua própria criação. Você ouviu algum relato sobre estes milagres?

— Alguma coisa. Ouvi que "caminhou" sobre as águas.

— Sim, no Lago de Genesaré. Neste dia suprimiu temporariamente a lei da física que faz um corpo mais pesado afundar. Conhece mais algum milagre?

— Também ouvi sobre fazer pessoas mortas reviverem.

— Supressão das leis da biologia sobre a vida e a morte. Foram três ressurreições: o filho da viúva, ressuscitado durante o funeral, a filha do centurião, ressuscitada em seu leito de morte e Lázaro, ressuscitado três dias após a morte, após sepultado. Conhece mais algum milagre?

— Não conheço — respondeu o jovem.

— Houve o milagre da multiplicação dos pães, supressão da lei da química, segundo a qual "na natureza nada se cria, tudo se transforma". Cristo, vendo a multidão de cinco mil pessoas que o seguia e penalizando-se porque estavam com fome, transformou um lanche de cinco pães e dois peixes em alimento para todos.

— São realmente grandes milagres. Não se faz isso com um truque de mágica ou ilusionismo. O estômago reclamaria...

O monge continuou:

— Houve dezenas de outros milagres. Em sua vida terrena, Cristo mostrou que conhecia o presente o passado e o futuro, transformou água em vinho, curou paralíticos, cegos e leprosos, previu a destruição de Jerusalém no ano setenta da nossa era. Foi o homem que mais realizou milagres na História. Sabe por quê?

— Por ser Filho de Deus?

— Por ser Filho de Deus e porque é Deus também. Deus e Cristo são únicos. Este é o dogma fundamental da religião cristã e a maior crítica que as outras religiões têm contra ela.

— Como isso é possível? Deus, que é Filho de Deus e ambos são um só Deus?

— Cristo disse: "Eu e o Pai somos um". Quando lhe perguntaram: "Onde está teu Pai?", ele respondeu: "Se vós me conhecêsseis, conheceríeis o meu Pai". Não podemos explicar, só acreditar. Eis o motivo da Igreja ter declarado este dogma.

— Dogma?

— Dogma é um conceito religioso não explicado pela ciência mas proposto pela fé. Dogmas não precisam ser compreendidos. Quando você era pequeno e sua mãe lhe dizia para não encostar a mão na chapa quente, você obedecia e não ia testar, porque acreditava no amor dela por você. Assim também nós, porque sabemos que Deus nos ama, acreditamos sem compreender. A fé e a razão são capacidades independentes do ser humano.

— Então Cristo e o Pai são um só Deus?

— E para surpreendê-lo mais ainda, meu jovem, há uma terceira pessoa nesta unidade. São três pessoas em um só Deus: o Pai, o Filho e o Espírito Santo. Esta última pessoa é o espírito de luz, amor e sabedoria, que une todos, sendo o principal responsável pelos recursos espirituais que utilizamos tanto. Além de pedir ajuda à mãe de Deus, como você já fez, ao Pai e ao Filho, você pode também se dirigir ao Espírito Santo diretamente. Sua importância é tão grande que há no cristianismo algumas irmandades dedicadas ao seu culto, ao Espírito Santo.

— Tudo faz parte do mesmo dogma?

— Sim, o dogma da Santíssima Trindade. Mas o que o intriga tanto?

— É o fato de a humanidade avançar na ciência e na tecnologia, entendendo melhor as leis que regem o universo e a vida e não ter ainda conseguido explicar tais dogmas religiosos. Em outros campos da vida, o que era milagre ontem, hoje é ciência explicada. Será que algum dia os entenderemos à luz da ciência?

Quem sabe? Alguns conceitos religiosos, sim, poderão ser explicados cientificamente. Outros nunca. Lembre-se da analogia do cérebro de uma formiga tendo que entender um ser humano. Mas, como a humanidade já avançou bastante no conhecimento de si própria, podemos crer que avançará também no conhecimento de Deus. Há poucos séculos a própria gestação humana era uma interrogação, não se sabia como nem porquê as crianças nasciam parecidas com o pai e a mãe. Hoje todos os DNA humanos estão mapeados.

Com o tempo haverá estudos bem mais profundos sobre a parte emocional e em seguida virá a parte espiritual. Ou o inverso, talvez.

— E o DNA de Cristo? Teria características que pudessem provar a sua divindade?

— Patrick — disse frei Mateus sorrindo - estou quase sugerindo que você volte à universidade e estude genética para pesquisar sobre o assunto. O que sabemos por estudos feitos no sangue do Santo Sudário[52] e na hóstia do milagre de Lanciano é que Cristo tinha sangue tipo AB. O sangue AB era raríssimo naquela época, foi o último tipo sanguíneo surgido na terra. Creio que, com a genética avançando, estamos a caminho de grandes descobertas sobre a natureza de Cristo. Enquanto isso, basta-nos saber que, sendo Deus, tornou-se homem e deu sua vida para que sua mensagem de amor fosse compreendida. E o que vamos fazer hoje, nesta sexta-feira santa, aqui no mosteiro, é passar o dia todo em recolhimento e oração lembrando-nos deste grande ato de amor.

Após alguns segundos de silêncio, levantaram-se da mesa e Patrick disse:

— Frei Mateus, eu não sei como agradecer estes momentos de sabedoria e paz interior que o senhor me proporcionou. Foram as melhores férias da minha vida. Agora sei que tenho um Pai no céu a quem posso recorrer em todas as minhas difi-

---

[52] Santo Sudário é o manto que envolveu Cristo após sua retirada da cruz, atualmente sob a guarda da Catedral de Turim, no qual foram feitos centenas de estudos científicos para comprovar sua autenticidade.

culdades e aspirações, terei uma mente menos materialista do que costumava ter.

— Só mais algumas palavras, filho, eu ainda tenho uma resposta para lhe dar, sobre a sua preocupação com as pessoas carentes, os doentes, os famintos, os desabrigados. Uma resposta que você poderá dar às pessoas que lhe perguntarem onde está Deus neste mundo tão cheio de sofrimento.

— Obrigado, estou ouvindo.

— Em nossa visão achamos que Deus deveria fazer alguma coisa, agir de maneira milagrosa para evitar toda esta dor. Mas não é assim que ele atua. Ter Deus ao nosso lado não significa que não passaremos pelas dores ou momentos difíceis. A presença de Deus em nossa vida não nos isenta das angústias da vida diária. Viver em Deus não é um caminho largo e sem dor. A dor e o sofrimento fazem parte da nossa vida por causa das nossas limitações humanas, só ficaremos livres deles quando, um dia, vivermos em Deus. Mas enquanto caminhamos nesta terra imperfeita e limitada estaremos à mercê de todas as inadequações dos seres humanos. A diferença está em que aquele que vive uma vida na fé e em Deus encara e supera o sofrimento de forma diferente. O que vive pela fé não é vencido pela dor e pelas tribulações, mas supera tudo porque Deus está ao seu lado. Não importa quão difícil seja a situação pela qual está passando, a paz reside em confiar a vida a Deus que fará sempre o que for melhor.

— Entendo. O sofrimento e a dor se tornam mais suportáveis.

— São Paulo, em sua carta aos Coríntios disse: "Em tudo somos oprimidos, mas não sucumbimos. Vivemos em completa penúria, mas não desesperamos. Somos perseguidos, mas não ficamos desamparados. Somos abatidos, mas não somos destruídos". Ter Deus ao nosso lado não nos livra da dor, mas nos dá condições de superá-la. Deus nos criou para que tivéssemos um relacionamento de amor e liberdade com ele. Ele nos ama e nós o amamos. Isto só é possível se houver liberdade. Caso contrário não seria amor e sim pura obediência. Amamos a Deus com tanta liberdade que podemos até rejeitá-lo, caso seja essa nossa escolha, como já conversamos.

— E quando me perguntarem onde está Deus enquanto as pessoas passam fome, ficam doentes, são escravizadas e mortas por seus semelhantes, eu responderei que Deus está atuando da melhor forma possível sem interferir na liberdade pessoal e na cultura de cada grupo.

— Deus está nos milhares de pessoas que são solidárias e rezam por estes seres humanos. Ele está nas centenas de voluntários que se unem para ajudar. Deus se encontra naqueles que doam suas vidas para auxiliar os que sofrem. Deus permanece no coração daqueles que choram e ao mesmo tempo enxuga suas lágrimas. Deus estará na voz daqueles que irão denunciar as péssimas condições de vida dessas pessoas, para que os governos façam algo movido pela pressão internacional. Deus sempre esteve no seu coração porque você se comovia com a tristeza dessas pessoas e desejava fazer algo por elas. Deus está em seu coração, neste exato momento para que você encontre o caminho que deve seguir na vida e o auxilie no seu sonho de tornar a humanidade mais feliz. Deus pode fazer tudo isso sozinho, mas prefere fazer tudo com você.

Com um nó na garganta em função das últimas palavras do monge, Patrick, olhando-o nos olhos, disse:

— Frei Mateus, o senhor me resgatou. Não sinto mais um vazio no meu coração.

— Agora você tem o verdadeiro amor no coração. Mas quem o resgatou foi nosso Pai que está no céu.

Chegando à porta da cantina, Patrick disse:

— Estou partindo, mas, se possível, gostaria de manter contato com o senhor por e-mail.

— Lamento, filho, não temos Internet no convento. Mas você pode me escrever pelo correio que eu lhe responderei com prazer. Só gostaria de lhe pedir uma pequena gentileza: que venha à missa de domingo. Será a missa de Páscoa e teremos uma comemoração especial.

— Eu estaria partindo para Roma, mas posso ir no trem da tarde. Assim o vejo mais uma vez, já que, de Roma retorno aos Estados Unidos.

— Não deixe de vir, filho, não deixe de vir!

Domingo de Páscoa

Domingo de Páscoa

DOMINGO DE SOL ESCALDANTE. O jovem acordou sobressaltado, pois havia prometido ao monge que estaria presente na missa. Teria que correr para estar lá às onze horas. Mas, como estava mesmo de partida, não poderia faltar no último dia.

Para andar mais rápido, alugou um carro na locadora da esquina, e em meia hora estava no convento. A missa já havia começado e, para não interromper a concentração das pessoas, sentou-se bem atrás de onde podia ver a igreja lotada. Por ser domingo de Páscoa, estava toda ornamentada de vermelho. Os monges, sentados nas cadeiras laterais, entoavam o canto gregoriano que tanto o agradava. Eram vozes cheias, fortes e carismáticas, de homens que haviam deixado tudo na vida para dedicar-se a Deus. Bem, Patrick agora percebia que o que estes monges haviam recebido de Deus deveria ser muito mais do que haviam deixado no mundo. Ali permaneciam por toda a vida.

Que vida pacífica encerrava aquela montanha! Uma porta para o paraíso. Qualquer analista de *Wall Street* pagaria três meses do seu salário para passar apenas um mês naquele lugar, respirando ar fresco, colhendo uvas e abeto para fabricar as bebidas, passeando pelas trilhas assombreadas. À noite, após uma ceia restauradora, em lugar de notícias deprimentes dos telejornais, ocupavam-se de uma boa leitura e de orações, mantendo contato permanente com a sua fonte de recursos espirituais. Havia também os que escreviam livros e artigos para revistas religiosas, os que preparavam o sermão do dia seguinte, os que estudavam mais profundamente as escrituras e os que ficavam aconselhando jovens inquisidores como ele.

Durante esses dias havia visto vários monges pelos jardins, sempre acompanhados por leigos que os ouviam quase sem fazer perguntas.

Durante a missa as pessoas mostravam faces de piedade e fé total em tudo que faziam: nas orações, nos cantos, na postura ajoelhada. Todos estavam unidos por um grande elo de amor, com a consciência de pertencer à mesma família, de serem filhos do mesmo Pai. O jovem não pode deixar de emocionar-se. Se tudo o que havia aprendido com o monge era verdade, e ele sabia que era, neste momento, nesta igreja, por um canal de amplitude máxima, ocorria uma mega transferência de recursos espirituais, que eles denominavam graças e as pessoas sairiam da celebração com o coração e a alma repletos de energia espiritual.

Para melhor confirmar suas expectativas, assim que a missa terminou, saiu da igreja e caminhou um pouco até a árvore lateral, de onde teria visão completa sobre as pessoas que saíam. À medida que desciam as escadas, os fiéis se abraçavam e se beijavam percebendo-se em alguns os olhos umedecidos. A graça de Deus, a felicidade e o amor de Deus comovem. Em cada face havia um olhar de plenitude.

O jovem aguardava o monge para despedir-se. O forte sol do meio-dia e o céu totalmente azul misturavam as cores amarelo e azul, enquanto o verde da grama e o vermelho das papoulas destacavam-se nos jardins. Abrigado sob a sombra do abeto, mantinha os olhos fixos na porta da igreja, por onde deveria sair o monge. Então, de repente, do nada, surgiu uma figurinha saltitante descendo de dois em dois os degraus da igreja, como se estivesse com pressa de chegar lá embaixo. Olhos colados na figurinha, o jovem sentiu suas pernas fraquejarem, e ali ficou, paralisado, sem saber exatamente o que fazer.

A figurinha continuou saltitante dirigindo-se à fonte central do jardim. Abriu as mãos em concha e bebeu avidamente a água que conseguia segurar. Quando terminou, tirou uma garrafinha da mochila e a encheu com a água pura da montanha. Em seguida, virou-se para trás e percorreu com os olhos a multidão saindo da igreja, em busca das pessoas que a acompanhavam. Procurou, procurou e seu olhar foi se deslocando até o abeto, onde viu uma pessoa na sombra. Para enxergar melhor apertou seus olhos até que estes cruzaram os olhos do jovem que a observava também. Ainda com o olhar turvado pela luminosidade do sol, mas movida por uma curiosidade teimosa, foi caminhando devagarzinho na direção da árvore, enquanto a pessoa da sombra também se movimentava em sua direção. Encontram-se a três metros de distância um do outro e ambos pararam subitamente.

— Olá! — disse a jovem.

— Olá — respondeu Patrick. — Fazendo fotos para a sua monografia?

Nas duas faces tingidas de rosa pelo sol da Toscana surgiram dois grandes sorrisos. Os olhos translúcidos fixaram os olhos sorridentes, denunciando uma felicidade que as palavras não precisaram proclamar. Rapidamente, a jovem pensou qualquer coisa para responder.

— Missão cumprida! Passei esta semana em Florença fotografando obras de arte.

— E ainda falta fotografar muita coisa?

— Só em Roma, em Florença já terminei.

— Coincidência, estou partindo hoje para Roma — adiantou Patrick.

— Você foi à missa em Pisa? — quis saber a jovem.

— Sim, eu a procurei após a missa.

— Eu também o procurei, mas não o vi. A igreja estava lotada. Gostou do concerto de órgão?

— Muito! E também do canto gregoriano de hoje. A propósito, vamos tomar outro sorvete? Estou com carro e posso levá-la.

— Hoje não posso, estou com meus pais e eles têm outros planos.

Patrick retesou os músculos do rosto e pensou rapidamente o que fazer para não perder esta segunda e certamente última chance que a vida lhe dava.

— Podemos ir todos juntos, se quiserem.

— Não, obrigada, meus pais estão com pressa.

— Sem querer insistir muito, você pode então deixar seu e-mail? O meu está aqui — disse Patrick, oferecendo-lhe seu cartão de visitas.

— Claro! Vou escrevê-lo porque não tenho cartão.

A jovem procurou na bolsa um papel para escrever seu e-mail, sem perceber a aproximação dos seus pais e irmão.

— Stephanie — disse o pai — podemos ir? Temos que chegar a Roma ainda cedo hoje.

Domingo de Páscoa

— Sim, papai. Este é um amigo que conheci em Pisa. — e sem ter nada mais para falar, leu rapidamente o cartão — Chama-se Patrick e mora em Nova York.

— *Nice to meet you*[53] — disse o jovem enquanto cumprimentava a família com um aperto de mãos.

— *Our pleasure*[54] — respondeu o pai, falando por todos. E dirigindo-se à filha — Podemos ir?

— Sim, papai, já vou. Vocês podem me esperar no carro? Não demore minha filha — e, olhando Patrick com um sorriso — *Arrivederci* — disse, esquecendo-se que o jovem era americano.

— *Arrivederci* — todos falaram simultaneamente e a família dirigiu-se para o carro.

A jovem encontrou um pedaço de papel na bolsa e escreveu seu e-mail.

— Está aqui. Agora não vamos nos desencontrar mais.

— Gostei muito de conhecê-la, Stephanie. Vocês parecem ser uma família muito especial!

— E somos. Também gostei de conhecê-lo, Patrick. Se for a Dublin, avise-nos! Também temos sorveterias por lá!

— Avisarei! — Em seguida, fez um sorriso enigmático — Talvez mais cedo do que imagina!

— ??? — a jovem fez uma expressão de não ter compreendido a última frase, mas respondeu — *Arrivederci*!

— *Arrivederci!*

---
53 Tradução do inglês: "Prazer em conhecê-lo"
54 Tradução do inglês: "O prazer é nosso"

Patrick entrou na cafeteria do mosteiro e pediu um café ao monge que lhe servia. Seu coração estava fora do peito, pairando acima da Terra numa nuvem de felicidade. "O céu deve ser algo parecido com isso", pensou. Pediu para falar com frei Mateus, porém os monges estavam em horário de almoço. Após o almoço os monges teriam meia hora de descanso seguido por várias horas de confessionário. Era o dia em que trabalhavam mais. Para falar com frei Mateus, só procurando-o no confessionário. Em cada porta havia uma plaquinha com o nome do confessor.

Patrick aguardou por uma hora e dirigiu-se à igreja. Procurou em cada porta, mas não achou nenhuma com o nome do seu amigo. Pensou no velho monge e decidiu não interromper seu descanso dominical. De certa forma, eles já tinham se despedido. Assim, sentou-se num banco da igreja e escreveu-lhe uma longa carta, agradecendo pelo tempo que lhe havia dispensado e dizendo que, quando chegasse a Nova York lhe escreveria novamente. E contou a surpresa que acontecera após a missa, quando havia conseguido reencontrar os olhos mais lindos que vira em sua vida.

Neste mesmo dia o monge recebeu a carta deixada na portaria do mosteiro. Leu-a com a habitual serenidade, mas ao terminar a leitura, abriu um grande sorriso e, levantando ligeiramente mãos e olhos para o céu, disse: "Obrigado, Senhor! Obrigado porque continuas a realizar milagres a cada dia, em cada lugar, desde que o teu santo nome seja invocado!"

Quatro dúzias
de licor de abeto

O INVERNO TERMINAVA. Ainda havia um pouco de neve na montanha, mas o sol já começava a aquecer as árvores prenunciando outra primavera quente. O monge sentou-se sob o carvalho e olhou ao longe. Uma saudade dominava seu coração. Foram apenas duas semanas, mas aquele jovem americano realmente tinha marcado sua vida. Nunca vira alguém tão questionador, tão guerreiro na busca pela verdade. Seu coração de ferro parecia, a princípio, estar fechado ao mundo espiritual, mas, aos poucos foi se abrindo e o vazio do seu interior foi sendo preenchido pela luz. Então surgiu um coração emocionado, generoso e altruísta, que sempre estivera lá, porém havia sido engessado por uma couraça de materialismo. O monge agradecia a Deus todos os sinais que recebera, e a forma como o Altíssimo o havia inspirado durante as conversas.

Enfim decidiu-se a abrir o grande envelope branco. Que surpresa revelaria? Algo que ele já suspeitava, mas, mesmo assim havia ansiedade em suas mãos trêmulas. Finalmente, lendo o texto do convite, percebeu que sua previsão se confirmara. Os dois jovens que ajudara a se encontrarem estavam se casando. Mas, além do convite havia uma pequena carta.

Meu caro frei Mateus, já lá se vão quase dois anos que o visitei. Não pude mais voltar à Itália, a vida tem sido muito apressada. Na verdade, fiz muitas viagens à Europa, porém para o Norte e acabei por me transferir definitivamente para Dublin. O senhor sabe por que, já lhe agradeci por ter me ajudado a encontrar a Stephanie, o meu anjo dos olhos translúcidos.

Depois daquele dia de Páscoa abençoado, nos encontramos em Roma e continuei a comunicar-me com ela de Nova York. Fui trabalhar numa empresa especializada em Fusões e Aquisições e a partir daí minhas viagens para a Europa foram cada vez mais frequentes. Há um ano, meu gerente incumbiu-me de abrir uma filial em Londres, mas eu o convenci de abri-la em Dublin por questões fiscais.

E assim, fiquei mais próximo da Stephanie. Sua família me recebeu muito bem, apesar de saberem que, por nascimento, sou um judeu-católico, ou vice-versa. Mas os ensinamentos que recebi do senhor sobre a fé católica e os que eu mesmo busquei quando retornei aos Estados Unidos me permitem dialogar com eles sobre todos os assuntos da religião. Nos momentos de dúvida, eu faço uma conexão com o Espírito Santo e obtenho a inspiração e as palavras certas. Às vezes cometo alguns erros conceituais, mas não são tão graves, a ponto de impedir o meu relacionamento com esta família encantadora que conheci. Além disso, ninguém sabe tudo sobre qualquer religião, sempre há tanto a aprender...

Marcamos o casamento para o término da primavera. A Stephanie quer ter muitas flores no nosso casamento. A única pendência é que, antes do casamento, eu gostaria de ser batizado. Com as informações que tenho agora, já posso fazer a minha opção. E gostaria de convidá-lo para ser meu celebrante e padrinho. Não há neste mundo outra pessoa para substituí-lo porque foi o senhor quem me abriu o caminho para a vida espiritual. Por favor, aceite! A data do Batismo não está marcada, dependerá da sua disponibilidade. Não haverá despesa alguma para o convento, passagem e a estadia serão por minha conta e caso o senhor queira, poderá trazer também outro frade para acompanhá-lo. Posso dizer que estou financeiramente bem e confirmo o que o senhor me disse sobre o sócio capitalista. Desde que iniciei esta "sociedade" nunca me faltou nada em todos os meus projetos profissionais, emocionais e espirituais.

Caso o senhor possa estar presente ao casamento conhecerá o meu pai, o qual compreendeu a minha opção religiosa e disse que já sabia desde o início que seria esta, por amor à minha mãe. Se ele foi capaz de amá-la tanto sendo católica, mais ainda compreende que eu queira professar a fé da pessoa que amo. Assim sendo, tudo está em paz, na família e na vida.

Continuo sem palavras para lhe agradecer. Assim como o senhor insistiu que eu fosse à missa de Páscoa, eu agora insisto que o senhor venha a Dublin, se possível for, na semana do casamento, assim faremos as duas cerimônias uma próxima da outra.

Com todo o meu respeito, admiração e amor em Deus, seu sempre discípulo,

Patrick

PS. A família da Stephanie deseja fazer uma grande festa de casamento, serão quase quatrocentos convidados entre as centenas de parentes e amigos e eu vou oferecer as bebidas. Como sou grande propagandista dos produtos do Monte Campanário, gostaria de encomendar quatro dúzias de licor de abeto para o casamento. Afinal, é verdade o que dizem: irlandeses bebem bastante...

Frei Mateus sorriu enquanto duas grossas lágrimas rolavam na sua face enrugada, mas ainda cheia de viço e avermelhada pelo sol. Agradeceu a Deus pela felicidade deste momento. Lembrou-se da observação que ouvira de outro monge sobre as palavras *padrinho* e *madrinha* em inglês. Nenhum outro idioma especificava tão bem como a língua inglesa o que era ser padrinho: *Godfather*[55], em outras palavras, "Pai constituído por Deus". Aproveitou para pedir ao Espírito Santo inspiração para que a conversa com o abade fosse bem sucedida e que este permitisse a viagem.

---

55 Tradução do inglês: "Padrinho"

Epílogo

Epílogo

GOSTARIA DE TERMINAR ESTE LIVRO contando como e porque ele foi escrito. Durante as férias, enquanto esperava um voo num aeroporto, cansei de ficar desocupada e comecei a escrever um texto sobre a alavancagem que Deus fornece aos nossos projetos. A viagem era longa e nos outros aeroportos continuei a escrever sobre o assunto. Umas poucas páginas, não mais.

Alguns dias depois, ainda em férias, sofri o que parecia ser um pequeno acidente num parque mas que, na verdade, configurou-se como uma fratura completa da fíbula. Voltei para casa com a perna engessada e a prescrição médica de ficar por mais de dois meses em repouso absoluto, com o risco de ter que operar para colocar um pino metálico no osso. Pensei logo: por quê? Deus não permite que nos aconteça nada sem um motivo. Então lembrei-me do que havia escrito nos aeroportos e entendi. Era isto! Deus estava me proporcionando um tempo para continuar a escrever sobre a espiritualidade. Bem, como queria ficar logo livre do gesso, coloquei as mãos à obra e em pouco mais de dois meses o livro estava escrito. As palavras e ideias saíam em cascata da minha mente, em uma sincronia completa com a fonte de recursos espirituais. Senti que havia uma conexão com o Pai, que me enviava ajuda indireta através de textos e e-mails que "caíam no meu colo". Pessoas que nem sabiam da minha intenção de escrever um livro falavam ou escreviam alguma coisa relacionada. Recebi muitos e-mails, muitos artigos e até ganhei de presente um livro, recentemente publicado, após anos de pesquisa na Terra

Santa, que apresenta a visão histórica de Jesus Cristo. Era um livro, "Jésus", em francês, com 480 páginas, que eu nunca teria tido tempo para ler se não estivesse com a perna quebrada. Este livro me forneceu o embasamento histórico para o texto referente aos hebreus e aos primórdios do cristianismo. Em dois meses e meio a fíbula cicatrizou e eu pude deixar o leito com a primeira redação do livro pronta. Desnecessário dizer que o risco da cirurgia foi afastado, por "bom comportamento".

Não sou teóloga nem alguém especial. Sou apenas uma daquelas pessoas comuns a quem Deus "capacita porque escolheu". Ele escolheu e eu aceitei aquele primeiro convite que surgiu no meu coração, para escrever alguma coisa sobre a comunicação espiritual e as respostas de Deus aos nossos pedidos, para que eu mesma e outras pessoas que o lerem nunca nos esqueçamos de como Deus nos aguarda ansiosamente.

Cada pessoa pode redirecionar sua vida fazendo as escolhas que gostaria, no lugar de ficar só esperando o que a vida trouxer. Quando escolhemos e decidimos algo, estamos estabelecendo a conexão com a fonte de recursos espirituais, porque, como vimos, uma das formas que Deus tem de realizar seus projetos é colocar a semente deles no nosso coração. Se você que está lendo perceber uma plantinha brotando nos seus pensamentos, seja uma ideia, seja um sonho, vá em frente! Faça uma conexão através de orações profundas e sinceras e verá que a energia para o crescimento da plantinha vai surgir.

Finalizando, não existe uma receita para falar com Deus. Como Pai, ele entende todas as nossas palavras, mesmo as que não pronunciamos. Ele lê nossa mente e nos ajuda a encontrar as palavras certas. Mas se você não sabe por onde começar, lembre-se da religião da sua infância, este pode ser o melhor caminho. Alguma coisa ficou no seu coração e na sua alma, alguma oração você deve conhecer. E, se não tiver recebido nenhuma formação religiosa na infância, se nunca tiver aprendido uma oração na vida, eu diria que Deus está à sua espera e vai abrir os braços para você com tanto amor que a simples vontade de conectar-se com ele vai ocasionar uma série de acontecimentos positivos na sua vida através dos quais você será conduzido a um caminho espiritual. Vai ser um momento tão lindo e emocionante que nunca será esquecido.

E não se esqueça de prestar atenção nos sinais. Quando alguém está no caminho certo e conectado a Deus, tudo funciona. Se começam a acontecer situações estranhas ou muito diferentes do esperado, é o caso de repensar o projeto ou a forma com que este está sendo tocado. Converse com Deus, coloque-se a seu dispor. Todas a noites e durante o dia, sempre que alguma situação inesperada acontecer, pergunte: "E agora, Pai, o que devo fazer?" A resposta virá imediata.

Desejo que você aproveite as dicas deste livro e passe a contar com os recursos espirituais para os seus projetos atuais e futuros. E se ainda não tiver sonhos porque sua vida está estável demais ou porque acha que não vai conseguir mudar e realizar coisa alguma, acorde! Há quanto tempo Deus está esperando que você faça contato? Talvez já seja a hora de dizer um "Alô, Pai, você está aí? Vamos fazer alguma coisa juntos?"

Dependendo do tempo em que está esperando por você, eu tenho quase certeza que Deus vai chorar de alegria.

Assim sendo, voltamos à música de Bob Dylan, mas desta vez, talvez já possamos compreendê-la melhor, talvez já tenhamos algumas das respostas. "A resposta", diz a música, "está no sopro do vento". Em hebraico a palavra *ruaj* significa vento, alento ou espírito. *Ruaj Hakodesh* é o Espírito de Deus. "Todas as respostas", segundo a música, "estão no sopro do vento", deste vento interior, que é a palavra de Deus em nós, embora nem sempre tenhamos ouvidos para ouví-la. Terminando, voltemos à letra de Bob Dylan:

"Por quantas estradas deve um homem andar, antes que ele possa ser chamado homem?

Quantas vezes um homem deve olhar para cima, antes que ele possa ver o céu?

A resposta, meu amigo, está no sopro do vento

A resposta está no sopro do vento"

A resposta está no seu coração. A resposta sempre estará na palavra de Deus que habita o seu coração.

Agradecimentos

AO FAZER OS AGRADECIMENTOS, deveria mencionar tantas pessoas que escreveria um capítulo à parte, aumentando muito o tamanho do livro, como fez o historiador francês Jean-Christian Petitfils, autor de "Jésus", que é um livro de 480 páginas acrescentou outras 180 com as referências, tanta foi sua fidelidade aos textos históricos e às descobertas arqueológicas feitas ao pesquisar a vida e a trajetória de Cristo na terra.

Para iniciar, e simplificando bastante, agradeço aos meus familiares e professores que souberam transmitir ensinamentos referentes à fé com tal credibilidade que os fixaram indelevelmente em minha mente e me ofereceram livros que contribuíram com alguns dos conceitos significativos enunciados nas palavras do frei Mateus. Agradeço também, de coração, aos meus amigos e amigas, que me enviaram, via Internet, textos relacionados ao livro, alguns de grande importância histórica e teológica. Prescindo apenas de mencionar os autores dos textos recebidos via Internet, por não poder assegurar a legitimidade das fontes.

Agradeço efusivamente às três pessoas que fizeram gratuitamente a primeira revisão ortográfica, contribuindo com sugestões que facilitaram a clareza do texto: Aracy Leal Marinho de Andrade, amiga querida; Breno S. M. Sodero Horta, irmão e apoio incondicional e minha filha Adriana. Também agradeço aos meus filhos Alexandre e Eduardo pela revisão no tocante aos conceitos de economia, finanças e história das civilizações, eles que são mestres nessas áreas e cujas vidas inspirou a escolha do personagem Patrick. A todos devo importantes comentários e ajustes no texto final.

Agradeço à Claudia Hazan, judia e filha de rabino, que me retornou seus comentários em apenas três dias, dizendo que leu o livro em quatro horas. Isso foi realmente um presente de amiga! Agradeço as opiniões e sugestões emitidas por Edison Nascimento Martins, Leticia Santoro e Vania Crespo, que também é minha coautora em um livro anterior.

Agradeço à Béatrice, a pessoa que me deu o livro Jésus, sem o qual eu nunca teria conseguido falar sobre os acontecimentos históricos da religião judaica e dos primórdios do cristianismo. Também a ela agradeço pela revisão dos textos em francês, língua que conheço *en passant*[56]. Agradeço ao Bernard, seu irmão, que existe mesmo, e me ajudou a consolidar a ideia do amor apaixonado de Deus, ao dizer "sou mimado por Deus".

Agradeço finalmente, *last but not least*[57], à Laura, minha editora, por ter acreditado que este livro valia a pena. Desde o início eu sabia que Deus não iria soprar esta inspiração no meu coração, deixar-me "de molho" com perna engessada por quase três meses, tirar-me das minhas obrigações diárias, para depois guardar os originais na gaveta. Eu só não sabia quem Ele enviaria para continuar o trabalho mas agora sei que só podia ser uma pessoa como a Laura. Que ela seja sempre abençoada e que seus projetos tenham sempre a parceria divina!

---

56 Tradução do francês: "superficialmente"
57 Tradução do inglês: "por último, porém não menos importante"

Referências

- DINIZ, Abílio. *Caminhos e escolhas*. Rio de Janeiro: Editora Campus, 2004.
- DONALDSON, T., P. H. Werhane, et al., "Ethical Issues in Business: A Philosophical Approach", 2008.
- LARRAGNAGA, Frei Ignácio. *Curso aberto de "Oficina de Oração"*, in *O silêncio de Maria*. São Paulo: Paulinas Editora, 2012.
- PETITFILS, Jean-Christian. *Jésus*. Librairie Arthème Fayard, 2011.
- Rev. Msgr. Arthur Rodgers, Rector "Spelling in Mass of January 6th, 2013", Cathedral of Saints Peter and Paul Philadelphia, PA, USA.
- San Padre Benedetto XVI. *Messaggio per la Quaresima*. 2013 L'Osservatore Romano 09-Feb-2013.
- SGARBOSSA, Mario & GIOVANNINI, Luigi. *Um santo para cada dia*. São Paulo: Paulinas Editora, 1983.

Conexões
É possível falar com Deus?

1ª edição: janeiro de 2014

Impressão: Grupo Gráfico Stamppa

Papel de capa: Cartão Supremo 250g

Papel de miolo: Pólen Soft 80g

Composto em: Adobe Jenson 12,8/17,8